AF453318

POUR VOUS RENDRE

AUX RUINES D'ANGKOR

UTILISEZ LES LUXUEUX PAQUEBOTS

DES

MESSAGERIES

MARITIMES

Pour tous renseignements, s'adresser à :

PARIS, siège social : 8, RUE VIGNON

aux Agents de la Compagnie

dans les principales villes de France et de l'Étranger

et aux Agences de Voyages

Guide aux Ruines Khmères

VERS ANGKOR

SAIGON - PHNOM-PENH

COCHINCHINE. CAMBODGE

8 fr.

MADROLLE

Vers ANGKOR

SAIGON — PHNOM-PENH

COCHINCHINE - CAMBODGE

CARTES, PLANS ET GRAVURES

Seconde Édition

LIBRAIRIE HACHETTE

PARIS

79, Boulevard Saint-Germain

1925

Droits de reproduction, de traduction et d'adaptation réservés

TABLE DES MATIÈRES

COCHINCHINE ET CAMBODGE

Les Routes de Saigon à Angkor

Voies terrestres et voies fluviales.

VERS ANGKOR

NOTES SUR L'ANCIEN CAMBODGE

Angkor n'a été révélé à l'Europe qu'au siècle dernier et l'accès du groupe archéologique n'a été rendu pratique que depuis peu d'années. Naguère, un voyage à Angkor demandait les préparatifs d'une expédition. Aujourd'hui, les touristes trouvent des routes, des hôtels, une organisation pour la visite des monuments, des livres et des guides qui les instruisent sur le grand passé du peuple khmèr, ou cambodgien.

RECHERCHES SUR ANGKOR

L'ouvrage descriptif le plus ancien sur Angkor est dû à un Chinois, Tcheou Ta-kouan, de la mission mongole de 1295 chargée de notifier au Tchen-la (Cambodge) les ordres de l'empereur Timour Khan (Tch'eng-tsong). Cette narration, qui est le document le plus utile à l'archéologie, a été traduite par P. Pelliot dans le Bulletin de l'École française d'Extrême-Orient de 1902.

Les monuments d'Angkor ont été maintes fois signalés par les missionnaires et les négociants européens venus en Indochine depuis le XVIII⁰ s., mais il faut arriver à la seconde moitié du XIX⁰ s., pour que l'attention des savants se porte sur les inscriptions et sur les nombreux édifices dressés sur l'ordre des souverains khmèr.

Parmi les Européens qui, les premiers, visitèrent puis livrèrent des ouvrages de vulgarisation sur les monuments du groupe d'Angkor, nous citerons le P. Bouillevaux (1850), le naturaliste Henri Mouhot (1860), l'allemand Bastian (1864), l'anglais Thomson (1866), la mission Doudart de Lagrée (1863, 1866) et F. Garnier.

L. Delaporte (1873) fit une exposition de l'architecture du Cambodge; J. Harmand (1875), releva un grand nombre d'inscriptions que le professeur H. Kern déchiffra, enfin E. Aymonier (1879 à 1884), par ses découvertes archéologiques et épigraphiques, écrivit la première histoire cambodgienne.

Ces essais furent scientifiquement continués par une pléiade d'érudits, les uns indépendants, les autres pensionnés à l'École française d'Extrême-Orient. Ces études furent vulgarisées par des publicistes et par des touristes qui désiraient mieux faire connaître ce Cambodge aux sites archéologiques incomparables. Parmi ces savants et ces vulgarisateurs, nous citerons : A. Barth, A. Bergaigne, G. Cœdès, L. Finot, A. Foucher, E. Senart, H. Parmentier, L. Fournereau, Raffageaud, Porcher, Dufour, Ch. Carpeaux, G. Maspéro, Lunet de Lajonquière, J. Commaille, H. Marchal, G. Groslier; A. Leclère, Moura, de Croizier, de Carné, A. Pavie, M. Monnier, P. Loti. Enfin nous rappellerons le nom du négociateur d'Angkor, le col. Bernard, qui prépara le retour au Cambodge (1907) du plus beau joyau laissé par l'empire khmèr.

VERS ANGKOR, 2.

BIBLIOGRAPHIE

Parmi les ouvrages les plus utiles :

Voyage dans les royaumes de Siam, du Cambodge, par H. MOUHOT, dans « Tour du Monde », 1863, Paris, Hachette.

Voyage d'exploration en Indo-Chine, par FRANCIS GARNIER, 2 vol. et Atlas, Paris, 1873, Hachette.

L'Annam et le Cambodge, par BOUILLEVAUX (abbé). Paris, 1874, Palmé.

Voyage au Cambodge, par L. DELAPORTE. Paris, 1880, Delagrave.

Le Royaume de Cambodge, par MOURA. Paris, 1883, Leroux.

Cambodge et Java, par TISSANDIER. Paris, 1896, Masson.

Mémoires sur les Coutumes du Cambodge, par Tcheou Ta-kouan. Traduction P. PELLIOT. Hanoi, 1902.

Recherches sur l'Histoire du Cambodge, par PAVIE. Paris.

L'Art khmèr, par FOURNEREAU. Paris.

Les Ruines khmères. Cambodge et Siam, par FOURNEREAU et PORCHER. Paris, Leroux, 1890.

Le Cambodge, 3 vol., par AYMONIER. Paris, 1900-1904.

L'Empire khmèr, par G. MASPÉRO. Phnom-penh, 1904.

L'Architecture hindoue en Extrême-Orient, par le général de BEYLIE. Paris, 1907, Leroux.

Les Ruines d'Angkor, par CH. CARPEAUX. Paris, 1908, Challamel.

Inventaire descriptif des monuments du Cambodge, 3 vol., par L. DE LA JONQUIÈRE. Paris, 1902-1907-1911.

Notes épigraphiques. Commentaires et traductions par L. FINOT et par G. CŒDÈS, dans les Bulletins : de « l'École française d'Extrême-Orient », de Hanoi, et de « la Commission archéologique de l'Indochine », de Paris.

Guide aux ruines d'Angkor, par J. COMMAILLE. Paris, 1912, Hachette, 8 fr.

L'Art d'Indravarman, par PARMENTIER. Hanoi, 1919, Impr. d'Extrême-Orient.

Recherches sur les Cambodgiens, par G. GROSLIER. Paris, 1921, Challamel.

Arts et Archéologie khmers, Revue annuelle, par G. GROSLIER. Paris, Challamel.

HISTORIQUE

L'ancien Cambodge fut connu des Chinois sous les noms de *Fou-nan*, de *Pa-nan*, puis de *Tchen-la*, mais c'est de l'Inde que ce pays tira sa civilisation et ses concepts religieux.

Ses dynasties rattachèrent leur tradition généalogique à une dualité astrale placée en opposition, lunaire et solaire, issue d'alliances spirituelles, la première du brahmane Kauthilya et de la nagî Somâ, la seconde du maharshi Kambu Svâyambhuva et de l'apsaras Merâ.

Période Pré-Angkorienne.

La première lignée souveraine connue, celle des *P'an*, des *Fan*, des *Pa-mo* (*Varman*), se réclamait de la race lunaire (*Soma-vamça*). L'histoire la suit à travers les Annales chinoises dans lesquelles sont enregistrées les diverses ambassades que la cour khmèr adressait à l'Empereur de Chine pour remplir ses obligations d'hommage; les missions de cette période sont relatées de l'an 228 de notre ère à l'an 539.

Dès le III* s. A. D., le *Fou-nan* avait sous sa dépendance « plus de dix royaumes » compris dans le bassin du Mé-khong, du Mé-nam; à l'O., il avait des vues sur le golfe de Bengale d'où ses missions s'embarquaient pour gagner la cour hindoue des Muru*nda*.

Vers le mi-VI* s., un des pays tributaires voisin des chutes de Khon devint indépendant; il avait pour prince ÇRESHTHA (Tchen-la?) qui rattachait sa généalogie à la race solaire (*Sûrya-vamça*). Sa capitale était Çreshtha-pura (Prei-Angkor?).

Son successeur fut BHAVA-VARMAN I, un usurpateur; il se réclama de la lignée lunaire et « accrût progressivement la puissance » du *Tchen-la*, que son fils MAHENDRA-VARMAN étendit encore. Il était réservé à IÇANA-VARMAN (vers 610-635) d'anéantir le Fou-nan. Sa capitale était Prei-kuk, de Sambo:

BHAVA-VARMAN II (st. 639).

JAYA-VARMAN I (st. 657, 665).

Après les années *chen-long* (705-706), certains princes locaux relâchèrent leur lien de dépendance du Tchen-la et l'empire khmèr se scinda. Il y eut, pendant le VIII* s., le *Tchen-la de Terre* (*Wen-tan*), au N. de la chaîne du Dang-rek, et le *Tchen-la d'Eau*, dans le bassin inférieur du Mé-khong.

A cette époque, la Chine dominait le Tonkin et le Nord-Annam et ses postes allaient jusqu'au Mé-khong, à Tha-khek. Vers le S., le royaume de Palembang (Çri Vijaya, de Sumatra) occupait toute la presqu'île malaise. Ce fut l'intervention de cet état de l'Insulinde dans les affaires du Cambodge qui devait reconstituer l'empire khmèr.

Période Angkorienne (IX⁰ au XIV⁰ s.)

Le premier nom, en capitale, est le titre de règne; le second, en italique et entre crochets, est le nom de temple.

JAYA-VARMAN II (802 à 869) [*Parameçvara*], de la famillle « du roi des Monts ». de Çri-Vijaya, « vint pour régner dans la cité d'Indrapura ». Il établit (fictivement) sa capitale sur le mont Mahêndra. Jaya-varman était petit neveu par les femmes de Pushkaràksha, ràja de Çambhupura (Cambodge); il se réclama de la protection solaire et pour affirmer son autonomie de roi souverain il institua comme signe de cette indépendance un culte nouveau, celui du Devaràja sous la forme du li*n*ga. Le rituel fut composé par le brahmane Hira*n*yadâma, versé dans la science magique et s'inspirant de quatre traités tantriques. Ce souverain envoya une ambassade à la cour chinoise des *T'ang*, en 813; il mourut (869) dans sa ville de Hariharàlaya.

Sous ce long règne, le Cambodge recouvra son unité, et ses anciens vassaux se reconnurent ses tributaires. De nombreux édifices cultuels furent élevés, dont Pra*h*-khan.

JAYA-VARMAN III (869 à 877) [*Vishnuloka*], son fils, résida à Hariharàlaya.

INDRA-VARMAN I (877 à 889) [*Içvaraloka*], son cousin germain. « Quand il monta sur son trône, les diadèmes des rois tombèrent de leurs têtes à ses pieds, comme les étoiles (tombent) du ciel au lever du soleil. » Il édifia Pra*h*-ko (880), Bakong. Sa capitale fut Hariharàlaya.

YAÇO-VARMAN (889 à 910) [*Paramaçivaloka*], « son fils sans égal, couvert de gloire, fut le maître suprême de la terre qui a pour limites les Sûkshma-Kamràta (Pégou?), l'Océan, la Chine et le Cham-pa. » Il fonda Yaçodharapura (Angkor Thom), sa capitale, où il érigea le Kamrateng-jagat-ta-ràja au « mont Central », le Bayon. Par sa stèle de Lolei, de 893, nous apprenons qu'à cette époque l'astronomie n'était pas plus négligée au Cambodge que la philologie sanscrite. Campagne au Cham-pa.

HARSHA-VARMAN (910 à ?) [*Rudraloka*] « son fils, dont les pieds étaient éclairés par la splendeur des guirlandes de rubis couvrant les diadèmes des rois des quatre points cardinaux. Habile aux armes, resplendissant de gloire,... il érigea Baksei Chamkrong. » Il termina le Phimeanakas et résida à Angkor.

IÇANA-VARMAN II (? à 928) [*Paramarudraloka*], son frère cadet, eut pour capitale Angkor.

JAYA-VARMAN IV (928 à 942) [*Paramaçivapada*], son oncle, s'étant emparé du pouvoir « sortit de la ville d'Angkor pour aller régner à Chok-gargyar » (Koh-kèr, Lingapura?)

HARSHA-VARMAN II (942 à 944) [*Brahmaloka*] son fils cadet, résida à Koh-kér. « Il régna sur un royaume puissant qu'il avait, dans la bataille, gagné par son bras ».

RAJENDRA-VARMAN (944 à 968) [*Çivaloka*], son frère aîné, « vint régner à Angkor » et « restaura la sainte cité demeurée longtemps vide ». De nombreux sanctuaires furent élevés autour de la capitale : Prasat Mebon E. (vers 946), Ta-Prohm, Ta-keo, Banteai Kedei, Bat-chum (960).

JAYA-VARMAN V (968 à 1001) [*Paramaviraloka*], son fils, résida à Angkor. Il érigea le Baphuon. Il prescrivit en 968 de faire copier les registres contenant les édits de Yaço-varman.

UDAYADITYA-VARMAN I (1001 à 1002), son neveu, résida à Angkor. Campagne victorieuse de Narapativira-varman, son frère aîné, vers les frontières du Sindhu.

SURYA-VARMAN I (d'abord JAYAVIRA-VARMAN pendant cinq ans) (1002 à 1049) [*Parama-nirvânapada*]. Les ennemis dévastèrent la région de Svai-chek avant que des troupes eussent été levées. Le roi construisit Prah-Vihear, Prah-khan (de Promtep), Phnom-Chisor. Il résida à Angkor.

UDAYADITYA-VARMAN II (1049 à 1065).

HARSHA-VARMAN III (1065 à 1090) [*Sadâçivapada*].

JAYA-VARMAN VI (1090 à 1108) [*Paramakaivalyapada*]. « Ayant obtenu la royauté suprême dans la ville sainte de Yaçodharapura, le roi vainqueur de la masse de ses ennemis, planta dans toutes les directions jusqu'à la mer des piliers de gloire, et fixa la résidence de sa *race* à Mahîdharapura. »

DHARANÎNDRA-VARMAN I (1108 à 1112) [*Paramanishkalapada*], son neveu, « honora les brahmanes, impétueux comme le roi des oiseaux (Garuda), beau comme la lune, il parfuma de sa gloire extraordinaire le cercle des points cardinaux ».

SURYA-VARMAN II (1112 à 1152) [*Paramavishnuloka*], son fils, « arracha le royaume aux deux rois qui se l'étaient partagé à la mort du prince précédent ». Il fit buriner des bas-reliefs et graver des inscriptions dans la galerie historique d'Angkor-Vat. Ambassades en Chine, 1116-17, 1120, 1129 : « Le Tchen-la touche aux frontières méridionales du Cham-pa; il a la mer à l'E., le P'oukan à l'O. et le Kia-lo-hi (Grahi, ou Jaya) au S. » Le bassin du Me-nam relevait donc du Cambodge.

HARSHA-VARMAN IV (1152 ?).

DHARANINDRA-VARMAN II (1152 à 1182), son neveu. En 1177, les Cham surprirent la capitale et la pillèrent.

JAYA-VARMAN VII (1182 à 1201), son fils. En 1199, campagne victorieuse au Champa où un prince cambodgien fut placé sur le trône.

INDRA-VARMAN II (1201 à 1221).

ÇRI INDRA-VARMAN (1221 à ?).
ÇRI INDRAJAYA-VARMAN (2ᵉ quart du XIIIᵉ s.).
JAYAVARMAPARAMEÇVARA (mi-XIIIᵉ s.).
XX... (3ᵉ quart du XIIIᵉ s.).
XXX... Vers 1292, la région N.-O. des Lacs fut dévastée par une armée Thai.
XXXX... Ambassade sino-mongole en 1296-1297 à la cour khmèr d'Angkor.
« Le nouveau prince est le gendre de l'ancien (XXX). » Le royaume comprenait plus de 90 gouvernements.

Avec la fin de la période dite « des Inscriptions » se termina aussi l'ère des grandes constructions.

Les souverains de la période dite « des Annales » ne commencèrent qu'au milieu du XIVᵉ s. Ils maintiurent leur capitale à Angkor jusqu'au siècle suivant.

Les peuples voisins, autrefois ses tributaires, les Lao du moyen Mé-khong, les Thai du Mé-nam entrèrent en lutte avec les Souverains du Cambodge, razzièrent leur territoire et leur enlevèrent progressivement leurs provinces septentrionales. Au S., bientôt un nouvel adversaire apparut, l'An-nam, qui ayant absorbé le Cham-pa, s'installa aux bouches du Mé-khong. Le Cambodge, aux gloires lointaines, peu à peu dépecé, ne retrouva des frontières sûres, sa capitale sainte, une politique stable, sa nationalité, qu'avec l'intervention de la France. Le traité du 23 mars 1907 lui restitua, avec les plus beaux de ses anciens monuments, ses provinces occidentales, détachées en 1794 pour former un apanage.

En 1909, S. M. Sisovat (et non Sisowath) [altération de Çri Svasti], roi du Cambodge, vint à Angkor faire acte de souverain et solenniser le retour de la cité sainte à la patrie Cambodgienne.

La majeure partie des populations de langue khmèr sont actuellement réunies au Srok Kampuchâ : on en excepte les Cambodgiens de la Cochinchine occidentale, et ceux de la vallée de la Sé-Mun restés sous la dépendance des Thai du Siam.

CULTES

Les deux cultes en honneur à l'époque d'Angkor étaient le *Brahmanisme* (principalement dans ses manifestations représentées par *Çiva* et *Vishnu*) et le *Bouddhisme* de l'école du *Mahâ-yâna*.

BRAHMANISME

Le *Brahmanisme* est une évolution du Védisme qu'il supplanta dans les Indes entre le XIIᵉ et le VIIᵉ s. avant notre ère. Son symbole mythologique est la *Trimûrti*, la trinité. Celle-ci exprime les trois états actifs de l'âme universelle et les trois énergies éternelles de la nature : *Brahmâ*, l'activité est le créateur; *Vishnu*, la bonté est le conservateur; *Çiva*, l'obscurité est le destructeur; il préside la Trimûrti.

Ces dieux sont aussi adorés dans leurs emblèmes, leurs incarnations (*avatâra*), leurs épouses (*çakti*).

ÇIVA est le feu dévorant, l'orage dévastateur; il châtie; il détruit, mais seulement par nécessité; il féconde. Dieu générateur, il est représenté sous la forme du *phallus* (linga); humanisé, il est invoqué dans les personnifications féminines de son énergie : *Pârvatî, Prithivî, Umâ, Durgâ, Kali*.

En iconographie, Çiva a un ou plusieurs visages avec un troisième œil au front (à distinguer du demi-losange frontal, signe féminin). Il est ceint du cordon brahmanique fait d'un serpent ou d'un chapelet de têtes de mort. Çiva est aussi représenté dansant, agitant ses six bras; c'est l'instabilité qui fait crouler l'univers lors des destructions périodiques du monde. Son attribut est le trident. Par antithèse, il chevauche un taureau blanc (*Nandin*), symbole de la production champêtre.

Çiva est le dieu suprême, omniscient, compatissant. Tous les dieux sont des reflets de sa puissance.

VISHNU est le préservateur de l'univers. On lui connaît dix avatârs.

En image, Vishnu a quatre bras tenant des attributs dont la place caractérise les divers aspects du dieu : disque, conque, massue, lotus (ou arc, glaive). Il monte l'oiseau fantastique, *Garuda*, ou bien navigue sur l'Océan, reposé en parfaite sérénité sur une feuille de lotus. Sa çakti est *Lashmî*.

BRAHMA est le créateur du monde.

En iconographie, Brahmâ a quatre visages, quatre bras ayant comme attributs le Véda, le rosaire, un pot à aumônes, une cuiller de sacrifice. Il a comme monture l'oie dorée, *Hamsa*; il siège encore sur un lotus qui s'élève du nombril de Vishnu. Sa çakti est *Sarasvatî*

A cette trinité, s'ajoute une quatrième divinité, INDRA, le dieu supérieur de l'époque védique. Il devient le *Mahéndra* et la première des divinités secondaires (*Râja* des *Deva*). Il est le souverain du ciel et trône au paradis (*Svarga*), situé au sommet du mont Méru.

Dans la sculpture, il est armé du foudre, de la massue; il monte l'éléphant tricéphale, *Airavâta*, ou bien il se transporte dans son char conduit par *Mâtali*.

L'Olympe brahmanique a aussi des dieux secondaires.

Le culte brahmanique aurait été importé des Indes dans l'Empire khmèr au IVe s. avant notre ère, au début de la dynastie hindoue des Maurya, à l'instigation du célèbre brahmane Kauthilya.

Le clergé était représenté par les *brahmes* de diverses écoles. Ceux-ci furent les propagateurs des cultes sectaires hindous, en même temps que de leur langue sacrée, le *sanscrit*. Ils constituèrent au Cambodge la seule caste qui ait existé. Ce sont les *guru* des inscriptions, ancêtres des *baku* actuels, chapelains domestiques, sacrificateurs, directeurs de conscience des Rois, gardiens du glaive symbole de la puissance terrestre. Dans les sculptures anciennes, les *pandit* ont un costume sommaire et le chignon élevé noué d'un chapelet. Les religieux cambodgiens faisaient vœu de célibat, et seul le souverain pouvait les en relever; aussi, leur saint office se transmettait-il de l'oncle au fils de la sœur.

BOUDDHISME

Le *Bouddhisme*, reconnu officiellement par les souverains khmèr, est celui de l'école du *Mahâ-yâna*.

Dans les pagodes, les statues et les scènes bouddhiques partageaient avec les divinités du brahmanisme l'honneur de l'iconographie murale. Il semble que ces chapelles et le culte du Bouddha aient été placés sous la haute protection des dieux du culte royal.

Il reste peu d'édifices du Mahâ-yâna, mais on retrouve plusieurs grandes terrasses bouddhiques. A leur extrémité, se dressaient des *vihâra*, faits de matériaux moins durables, qui abritaient les autels sur lesquels reposaient les statues de Çakya-muni.

A propos du *Bouddhisme*, voir les guides de l'INDOCHINE.

LES MONUMENTS

C'est au N. du *Tonle Sap* « Mer d'eau douce » (Grand Lac) que les anciens rois du Cambodge ont laissé les plus magnifiques témoins de leur splendeur et de leur puissance. Les vestiges archéologiques sont semés tout autour de cette région et s'étendent : au N. dans la boucle du Mé-khong jusqu'à Vieng-chan; à l'O, dans le bassin du Mé-nam, à Lophburi, à Petchaburi; au S., à Bien-hoa.

Avec le changement de dynastie du début du IXe s., il se produisit une véritable renaissance, due au nouvel esprit cultuel, qui rappelle, par sa floraison subite, cette végétation d'édifices religieux d'art gothique dont s'est couvert le sol français aux XIIe et XIIIe s. De toutes parts, s'élevèrent au Cambodge des sanctuaires aux divinités brâhmaniques (ou parfois bouddhiques), des monuments hospitaliers, sur lesquels on relève des inscriptions, en vers sanscrits célébrant les louanges des souverains, ou en langue vulgaire indiquant leurs œuvres pies.

Parmi les grands rois constructeurs, il faut citer le créateur d'Angkor-Thom, *Yaço-varman* (fin IXe s.) dont les fondations, dans le « Parc d'Angkor », sont considérables; nous citerons : Yaçodharapura (Angkor Thom), Yaçodharâçrama, Yaçodharagiri (Bayon), Yaçodhareçvara (Phnom Bakheng), Yaçodharatatâka (Thnal Barai).

Ces monuments et d'autres élevés par centaines, comprenant des temples, des palais, des ponts, des bassins, des chaussées, font l'admiration des voyageurs, des érudits modernes. On peut assurer que ni les Indes, ni Java ne peuvent présenter un ensemble archéologique aussi considérable et aussi parfait. Beng-Mealea serait, pour l'art khmèr, (d'après M. Parmentier) ce que le Parthénon est pour l'art grec, mais le « Groupe d'Angkor » est le plus prodigieux et ses édifices gigantesques étonnent encore aujourd'hui. En 1858, Mouhot, découvrant ces ruines archéologiques, écrivait : « Nous mîmes une journée entière à parcourir ces lieux, et nous marchions de merveille en merveille dans un état d'extase toujours croissant. Ah ! que n'ai-je été doué de la plume d'un Chateaubriand ou d'un Lamartine, ou du pinceau d'un Claude Lorrain, pour faire connaître aux amis des arts combien sont belles et grandioses ces ruines peut-être incomparables ! »

De ces monuments du *Parc d'Angkor*, compris sur une étendue de 30 kilomètres et longtemps cachés par la forêt touffue, nous citerons parmi les plus importants : *Angkor-Vat, Bayon, Prah-Khan, Ta-Prohm*.

Parmi les autres sites archéologiques du royaume : *Banteai Chhmar* (district de Svai-chek) à 110 kil. N.-O. à vol d'oiseau d'Angkor; — *Prah-Vihear*, à 120 kil. N.-E. — *Koh-ker*, à 85 kil. N.-E., et *Prah-Khan* à 100 kil. E., du district de Promtep. — *Beng-Mealea*, (khêt de Chi-kreng), à 36 kil. E.; — *Vat-Nokor*, près de Kg.-Cham, à 78 kil. N.-E. de Phnom-penh; *Ta-Prohm* de Bati, à 30 kil. S., et *Phnom-Chisor*, à 45 kil. S., tous deux du khêt de Bati.

LA CONSTRUCTION

Les édifices religieux khmèr se présentent sous trois plans : 1º les terrasses et les prasat s'étageant en pyramide (Prê-Rup, Ta-keo); 2º les galeries et les prasat placés sur un niveau égal (Beng-Mealea); — 3º la fusion des deux systèmes (Angkor-Vat).

Les monuments sont orientés et ouverts ordinairement à l'Est. Les temples complets comportent six parties : les sanctuaires, simples ou multiples; les sacristies, trésors ou bibliothèques; les bâtiments d'habitations; les bassins (srah, lobek, barai); les avenues; l'enceinte.

Ces édifices sont bâtis : le gros œuvre en latérite, en grès ou en briques; les encadrements des baies, en grès; les vantaux des portes, les plafonds masquant les voûtes, en bois dur. Les blocs de latérite et de grès sont régulièrement taillés sur leurs six faces et juxtaposés sans mortier; quelques-uns sont appareillés au moyen de crampons en fer, en forme de doubles T. Les voûtes, les galeries sont élevées par le procédé de blocs ou de dalles posés en encorbellement, ce qui ne permet pas de leur donner de grandes largeurs; leurs dômes sont cependant fort gracieux.

Comme décorateurs, les Cambodgiens ont été des artistes incomparables; on en jugera par les bas-reliefs représentant des scènes de la vie journalière ou des épisodes tirés des légendes brahmaniques.

Termes cambodgiens souvent rencontrés :

Banteai	enceinte fortifiée.	*Prei*	forêt.
Barai	lac artificiel.	*Spean*	pont.
Kompong	quai, débarcadère, marché.	*Thma*	pierre.
Kuk	sanctuaire.	*Thvear*	porte.
Phnom	montagne.	*Trapeang*	mare.
Phum	village.	*Tu'k*	eau.
Prah	sacré.	*Vat*	pagode.
Prasat	temple.		

Vers ANGKOR

1. Sài-gòn

DÉBARCADÈRE. Les paquebots arrivent en vue des côtes de Cochinchine au *Cap St-Jacques*, station balnéaire et centre militaire important dont les forts dominent la rade.

Pour gagner Sài-gòn, les vapeurs remontent le cours du Dông-nai par Nha-be, puis pénètrent dans la rivière de Sài-gòn. Les paquebots accostent au S. de la ville, aux quais de Khanh-hôi.

GARE, place Cuniac. Lignes de chemin de fer de 1° Mi-tho, 2° Nha-trang et Da-lat. — Tramways sur la place.

Hôtels : voir l'INDEX TOURISTIQUE.

Poste, *télégraphe, téléphone*, au Bureau central, place Pigneau de Behaine.

Le *Bureau* central *Radioélectrique* (à l'angle des rues Rousseau et Richaud) assure la transmission des *radiogrammes* déposés par le public. Il est relié par des fils conducteurs à la *station d'émission* de Phú-tho ; un *centre de réception* est prévu à Tang-phu. Échanges de radiogrammes avec les divers postes de l'Indochine, la France et certains pays étrangers.

Routes : de Sai-gòn à *Phnom-penh* (243 k.); — à Tây-ninh (101 k.); — à
Kra-cheh (245 k.) sur le Mé-khong; — à Hué, par Xuân-lôc (75 k.) plantations;
— au Cap (103 k.) par le bac de Cac-lai (6 k.) et Ba-ria (80 k.); — à Gô-công
(57 k.); — à Mi-tho (72 k.)

Navigation : *Intérieure*. Plusieurs lignes régulières de navigation, assurées
par la Cie *des Messageries fluviales*, desservent les principaux cours d'eau de la
Cochinchine et du Cambodge. La principale ligne fréquentée par les touristes
est, au départ de Sài-gòn, celle de Phnom-penh.

Extérieure. Sài-gòn est desservi par des lignes de paquebots français se dirigeant : 1° sur les Indes et la France, par Singapour; — 2° sur la Chine et le
Japon, par Hong-kong; — 3° sur le Tonkin. — Services des *Messageries Maritimes*, des *Chargeurs Réunis*. — De nombreux cargo-boats et vapeurs aménagés
pour le tourisme, peuvent également prendre des passagers pour les diverses
échelles d'Extrême-Orient.

Tramways : Sur *Cho' Lo'n* 1° par la « route haute », 5 k. 110; arrêts : place
Cuniac à Sai-gòn, Cho' Dui, Cho' Lo'n; — 2° Lignes de la « Cie françaises des
Tramways de l'Indochine » par la « route basse », 6 k. 300; arrêt : Càu Ông-lanh,
Càu Kho, Cho' Quan (4 k. 018), Rizerie, Cho' Lo'n, Binh-tây.

Sur *Hôc-mòn*, 20 k. 310; arrêts : Arsenal, Citadelle, Da-kao (3 k. 255). (em-
branch^t de 1 k. 071 sur Tàn-dinh), *Gia-dinh* (4 k. 544), temple de Xôm-ga,
Gô-vàp (7 k. 246), Xòm-thuoc, Hanh-thong-tày, An-hoi, Cho' Moi, Quan-tre,
Trung-chanh, Hôc-mòn.

Sur *Lái-thiêu* et *Thu-dàu-mòt*; même itinéraire que ci-dessus jusqu'à *Gô-vàp*
(7 k. 246), puis arrêts : An-nho'n, An-xuàn, An-lôc, Lái-thiêu (17 k. 950),
Bung, Thu-dàu-mòt (30 k.).

Chemins de fer : Sur *Mi-tho*, 70 kil. 827, par Cho' Lo'n et Tàn-an.

Sur *Ba-ngoi* (Cam-ranh) 370 kil. et *Nha-trang*, 408 kil. par *Biên-hoà*, 33 k.;
Phan-thiêt, 190 k.; *Phan-rang*, 320 k. (embranchement sur *Da-lat*, par Kroug-
pha et Bellevue (50 k.)

Lignes automobiles Parmi le services réguliers, la ligne de Sài-gòn à Phnom-
penh.

A VISITER et à PARCOURIR : *Rue Catinat; Musée* de la Société des Études indochinoises; *Cathédrale; Palais* du Gouverneur Général; *Jardin de la Ville;* —
Jardin botanique et zoologique; Arsenal; — Quartier chinois. — Le tour de l'Inspection et Cho' Lo'n.

Les passagers n'ayant que quelques heures à passer, iront visiter soit le *Jardin botanique*, soit la ville chinoise de Cho' Lo'n.

Ceux qui disposent d'une journée entière, feront en automobile une des pro-
menades suivantes : *Cap St-Jacques* (129 kil.), par Biên-hoà et Bà-ria; —
Tây-ninh (101 kil.); — Chutes de *Tri-an* (55 kil.) par Biên-hoa; — *Thu-dàu-
mòt* (29 kil.), Chon-thanh et sa forêt (74 kil.) et Ho'n-quan en pays moi (99 kil.).
— au cours de ces déplacements, ils pourront visiter une des *plantations* d'arbres
à caoutchouc situées les unes en « terre grise », les autres « en terre rouge » (s'a-
dresser aux sociétés).

La région orientale de la Cochinchine est aussi un pays de chasse.

AUX ENVIRONS. A proximité de Sài-gòn, nous signalons quelques circuits :

1° *Thu-dàu-mòt*, par Gia-dinh, Gô-vàp, Hanh-thông-tày, jardins et cultures,
pont suspendu de Lái-thiêu, Búng, Thu-dàu-mot; retour : passage de la rivière
de Sài-gòn et route rive droite. (55 k.; trajet en 2 h. 15 d'auto).

2° *Biên-hoà* N.; aller à Thu-dàu-mot par la route précédente, ou par le pont
de Binh-lôi et la route rive g. par Lái-thiêu; Thu-dàu-mòt à Biên-hoà; retour
par Cho' Dòn, Thu-du'c (70 k.; trajet en 3 h. 30).

3° *Biên-hoà* S., par le pont du Binh-lôi, Thu-du'c, tourner à dr. vers le S.,
marché de Giong-Ong-to, prendre à g. vers l'O., Gò-cong, Vinh-thuân, le nui
Ham-lu'o'ng (point de vue), Cho' Dòn, Biên-hoà; retour par la route de Sài-gòn.

La ville de Sài-gòn est située sur la rive droite de la rivière
de Sài-gòn, à 48 milles m. (89 k.) du Cap St-Jacques, par
10°47' de latitude N. et 106° 38' de longitude E. de Greenwich.
Sa population est de 95.437 hab., mais avec son faubourg
commercial et industriel de Cho' Lo'n, l'agglomération forme
un groupement de 220.000 individus.

Sài-gòn est la capitale de la Cochinchine, le siège d'un
Vicariat apostolique, d'une Cour d'appel, d'une subdivision
militaire, d'un commandement maritime, des services admi-
nistratifs de la colonie, un centre d'études classiques et scientifiques; son port est le plus important de l'Indochine.

La population de Sài-gòn était de 13.348 âmes au début de 1884 (913 Français, 53 Européens, 5.595 Chinois, 6.246 Annamites); elle s'élevait à 95.437 âmes
au début de 1923 (5.032 Français civils, 269 Étrangers, 28.914 Chinois, 52.498
Annamites).

Sài-gòn est, par la voie maritime, à 7.316 milles m. (13.550 k.) de Marseille
(7.382 m.m. par l'escale de Pinang); par la voie des airs, à 12.029 k. de Paris
(raid de Pelletier-Doisy); par liaison de Télégraphie sans fil, à 10.500 k. de
Bordeaux (station La Fayette).

HISTORIQUE

Sài-gòn « Bois de ouatiers », nom employé déjà au XVIII° s. dans les lettres
des missionnaires, est sans doute la traduction d'un ancien toponyme cambodgien (Prei-kor). L'administration annamite désignait ce site (ville haute) du
nom du gouvernement dont il était le siège : Dông-nai, Phan-yen, *Gia-dinh*,
tandis que la partie fluviale commerçante, était dénommée communément
Ben-nghè et Ben-thành. Depuis l'occupation annamite, les Cambodgiens appellent Sài-gòn *Prei-nokor* « Forêt de la capitale ».

La partie haute de la ville fut habitée aux temps préhistoriques, ainsi qu'en
font foi les armes et les outils de pierre polie trouvés lors des fouilles opérées
sous la cathédrale. A l'époque de la grandeur d'Angkor, le pays, moins habité
qu'aujourd'hui, faisait partie du royaume khmèr. Au XVII° s., les Annamites
vinrent commercer sur les rives du fleuve Dông-nai « de la plaine des Cerfs » et
établirent quelques colons au lieu dit Môi-xui.

Les princes Nguyên, de la Haute Cochinchine, s'ingérant peu à peu dans les
affaires du Cambodge, occupèrent officiellement, en 1658, la région de Biên-hoa,
puis s'emparèrent en 1674 du fort de Sài-gòn. Les Annamites profitèrent des
troubles politiques pour donner leur appui aux prétentions du prince cambodgien Ang-non et pour exiger sa nomination de vice-roi avec résidence à Sài-gòn.
A la mort de ce dernier (1690), la fonction resta vacante; puis, les princes
Nguyên s'annexèrent (1698) cette région E. du bas Cambodge et en formèrent
le doanh de Trân-biên (Biên-hoa) et le phu de Gia-dinh (Sài-gòn); leurs inter-
ventions successives les amenèrent bientôt aux bouches mêmes du Mé-khong,
d'où les Cambodgiens furent peu à peu chassés. Sài-gòn devint, à cette époque,
la résidence d'un haut fonctionnaire annamite du titre de Inh-lu'o'c, la capitale du gouvernement général de Gia-dinh (Basse Cochinchine), le siège du tinh
(province) de Phan-trân et celui du huyên (arrondissement) de Tan-binh. En
1773, la cité officielle murée fut doublée à distance d'un mur de terre de 15 *li*
de développement, ce qui ne l'empêcha pas d'être quatre fois occupée par les
force des rebelles Tây-so'n.

Les troupes des Nguyên reprirent Sài-gòn le 7 septembre 1788, et le prince
Nguyên-Anh (Gia-long) y reçut fin juillet 1789 la mission militaire française que
Mgr Pigneau de Behaine, évêque d'Adran, lui avait fait espérer trois ans aupa-

ravant. Le prince ayant accepté les plans des officiers Olivier et Le Brun, Sài-gòn fut entouré de fortifications modernes (1790-1791) et 30.000 hommes furent employés à ces travaux.

Sài-gòn (1808), capitale du pays de Gia-dinh (Cochinchine), fut le siège du tinh de Phan-trân, du phu (préfecture) de Binh-duong et du huyên de Binh-tri; cette organisation se maintint jusqu'à l'arrivée des Français (1859).

Sous Minh-mang, la Basse-Cochinchine se souleva, en 1833, à l'appel de Le-van-khôi. Sài-gòn, qui était aux mains des révoltés, fut bientôt assiégé par les troupes loyalistes et pris d'assaut (1834). Les représailles furent terribles et les défenseurs mis à mort : 1137 furent exécutés dans la Plaine des Tombeaux et ensevelis sous le tumulus Ma-biên-tru. Les mandarins ainsi qu'un missionnaire français, le P. Marchand, que les rebelles avaient retenu, furent saisis, mis en cage et envoyés à Hué où ils périrent de la mort lente. Les murs de la ville, élevés par Olivier, furent alors jugés trop étendus; ils furent en partie abattus et réduits au fort du plateau. C'est ce retranchement qui fut enlevé le 17 février 1859 par les Français assistés d'un détachement espagnol.

La ville est circonscrite : au N., par l'arroyo de l'Avalanche; à l'E., par la rivière de Sài-gòn; au S., par l'arroyo chinois, au-delà duquel est le quartier maritime; à l'E., l'agglomération s'étend jusqu'à Cho' Lô'n.

Les rues sont droites, parallèles, souvent bordées d'arbres. Parmi les plantations, le tamarinier, le badamier, le teck aux larges feuilles. Le long de la rivière de Sài-gòn, des quais et des habitations européennes ont remplacé les atterrissages et les échoppes de l'ancienne bourgade fluviale annamite de Bên-nghè. Celle-ci communiquait avec la ville haute officielle par des chemins dont le principal est devenu la rue Catinat.

Au S. de la ville, le port et le quartier maritime de *Khánhhôi*, bordé de quais en ciment armé. *Quai de l'Yser*, où accostent les paquebots. Après les Messageries Maritimes, on franchit l'arroyo chinois par l'un des deux ponts (un troisième est prévu dans le prolongement de l'Avenue Kitchener).

On entre dans le quartier des affaires : banques, maisons d'import et d'export, entreprises de navigation, entrepôts, magasins européens et asiatiques.

Sur le bord de la rivière :

Le *sémaphore* avec sa colonne tubulaire haute de 30 mèt., puis sur le quai Le Myre de Vilers, une série d'appontements. Sur la g., le *boulevard de la Somme*, qui coupe le quartier du commerce ou *quartier asiatique*, et à l'extrémité duquel est la *gare centrale*.

Plusieurs édifices des cultes asiatiques :

Temples brahmaniques pour les Hindous (sectes de Çiva, de Vishnu, etc.), rue Mac-Mahon, rue Roze, Temple des Chettys. Temples chinois.

Le *boulevard Charner*, sur l'emplacement d'un canal; voie de 40 mèt. de large et d'un kilomètre de long. La *Justice de paix*, où s'élevait autrefois l'église Ste-Marie-Immaculée. A l'extrémité, l'*Hôtel de ville* (1901 à 1908), surmonté d'un beffroi, étend sa façade sur 66 mèt.; décoration par Ruffier.

La *rue Catinat*, la voie la plus ancienne de la cité, se poursuit sur 1.500 mèt., du quai à la Cathédrale.

Vers le milieu de son parcours, le *Théâtre* municipal, par Ferré (1899), peut contenir 800 spectateurs; plafond mobile.

Vis-à-vis, la *Place Francis Garnier* (1839 à 1873) : *statue* de l'explorateur; plusieurs grands cafés et hôtels; c'est, le soir, le centre le plus animé de la ville.

Dans son prolongement vers le S.-O., le *boulevard Bonnard*, dont la *gare* coupe la perspective du *boulevard Galliéni* se dirigeant sur Cho' Lô'n.

Halles Centrales, en ciment armé (1914), couvrent plus de 11.000 mèt. de superficie. Elles comprennent quatre pavillons d'angle de 1.200 mèt. carrés chacun, séparés par des allées cruciformes; la partie centrale est surmontée d'une coupole de 28 mèt. de diamètre. L'entrée de l'édifice est marquée par un beffroi et son horloge.

Le service de l'*Identification judiciaire*, proche de la *Prison*. Le *Palais de Justice*. Le *Palais du Gouverneur* de la Cochinchine (ancien Musée). La *rue Mac-Mahon* est coupée par la *rue Lagrandière* bien ombragée.

Sur le « plateau », la place de la Cathédrale; statue de Mgr *Pigneau de Behaine*, évêque d'Adran, inaugurée en 1902.

L'évêque présente à la cour de Versailles le prince Canh, fils du futur roi Già-long dont il était l'ambassadeur, et tient à la main le traité qu'il vient de signer (1787) avec le comte de Montmorin, ministre de Louis XVI.

La *cathédrale* « Notre-Dame », de style roman, construite (1877 à 1883) sur les plans de Bourard, élevée en briques rouges sur soubassement de granit. Les deux tours carrées, hautes de 40 mèt. sont terminées par des flèches en fer.

L'*Hôtel des postes et télégraphes* avec un hall décoré.

Plus au N., le *Boulevard Norodom* va du Gouvernement général au Jardin botanique et zoologique.

Dans l'O., le **Palais** du Gouverneur général, élevé « au temps des amiraux », au milieu d'un beau parc.

La façade percée de larges baies cintrées, mesure 80 mèt., elle est flanquée de deux petites ailes. On accède au rez-de-chaussée par un perron et par deux rampes douces. A l'entrée, un vaste vestibule où prend naissance un escalier en marbre. A dr., le cabinet du gouverneur; à g., la salle à manger; au fond, la salle des fêtes où peuvent se réunir six cents invités. Au premier étage, les appartements privés et ceux des membres des cabinets civil et militaire.

Le Jardin Maurice Lonz est contigu au parc du Palais. **Statue** de **Gambetta** (1838 à 1882) représenté avec une pelisse de fourrure. Pelouse des *sports*.

Derrière, la *rue de Verdun* mène au *Champ de courses* et se prolonge par la route de Phnom-penh.

Au N.-O. du Palais, l'*Evêché* de la Cochinchine, érigé en vicariat apostolique en 1659.

Parmi les plus illustres vicaires apostoliques français de cette mission nous citerons :
Mgr Pigneau de Béhaine, de 1771 à 1799, linguiste distingué, négociateur du traité de 1787; la colonie lui a élevé une statue.
Mgr Taberd, de 1830 à 1840, revisa et édita l'œuvre linguistique du précédent.

Des Établissements d'enseignement pour les garçons et les jeunes filles.

A l'extrémité de la rue Pellerin, l'*Institut Pasteur* créé par le Dr Yersin; une annexe à Nha-trang. Laboratoire de microbiologie animale. Étude des maladies infectieuses. Préparations de vaccins microbiens, de sérums thérapeutiques.

Place Joffre, le *monument* du *Souvenir français*, élevé à la mémoire des soldats morts pendant la conquête.

Sur l'avenue Norodom :

Le **Musée**, de la Société des Études Indochinoises, est consacré aux arts, aux cultes et à l'ethnographie des populations de l'Indochine méridionale.

Dans le jardin, quelques pierres sculptées provenant des ruines chames du Sud-Annam.
Au rez-de-chaussée : sous la véranda, des statuettes de factures chame et khmère; — deux salles : la *bibliothèque* et la « salle de Beylié » avec des moulages des bas-reliefs d'Angkor et de Mi-so'n.
Au premier étage, dans la grande salle, en commençant par la droite : une vitrine de monnaies indochinoises, des armes japonaises; une collection de coquillages; des livres bouddhiques; au fond, des instruments de musique malais, indonésiens (moi), annamites et cambodgiens; à gauche, des échantillons de bois des forêts cochinchinoises, et divers types de riz de Cochinchine; à g. de l'entrée, des engins de pêche annamites, des armes des tribus indonésiennes — Parallèlement aux murs, dans des vitrines, une collection d'outils, bracelets, poteries de l'époque préhistorique provenant de la station de l'île Culao Rua (Biên-hoà) et de celle de Samroug Sen (Kg. Chhnang); des monnaies de Chine, de Corée et du Japon; des bronzes et des porcelaines d'An-nam, du Cambodge, du Siam; des étoffes du Laos; des réductions de chars, des pirogues; des poteries de Cây-mai, près de Cho'Lo'n; des porcelaines bleues de Chine. — Au centre, des monnaies chinoises et des livres bouddhiques. — Dans l'une des petites salles voisines, une collection de poteries; dans l'autre, une série de reptiles originaires du Bas Me-khong.

Le *Cercle militaire.*

A g., la rue de Massiges plantée de *sâu*, faux camphriers.

La *caserne Martin des Pallières*, élevée dans l'ancienne citadelle.

Cette fortification, du système Vauban, occupait l'angle N.-O. des anciens remparts élevés, en 1790 sous le prince Nguyên-anh de Cochinchine, par les ingénieurs français Olivier et Le Brun. La place forte fut réduite à l'ex-citadelle en 1835 après la répression de la révolte de l'année précédente.

De l'autre côté du boulevard, *l'hôpital militaire*, formé de pavillons reliés entre eux par de grands portiques.

Sur la dr., le *boulevard Luro* bordé de manguiers.

On traverse la rue Rousseau plantée de *dau* (pr. iao).

Le **Jardin botanique**, créé en 1864 par l'agronome Pierre, est un des parcs les plus intéressants de l'Extrême-Orient. Kiosque de musique.

Le jardin d'agrément possède une grande volière et des serres. Dans ces dernières on voit de belles collections d'orchidées et de magnifiques plantes ornementales. Les allées du parc sont bordées d'essences tropicales; les pelouses très vertes, sont ornées de corbeilles de fleurs. Des volières, des pavillons abritent une infinie variété d'oiseaux de toutes tailles, ainsi que la faune de l'Indochine, tigres, panthères, ours, éléphants, serpents. — Des champs d'expérience, situés sur la rive opposée de l'Arroyo de l'Avalanche, sont annexés au service agronomique.

L'*Institut scientifique*, 50, rue Rousseau, Laboratoires de Botanique, de Technologie, de Phytopathologie (pour l'étude des maladies des plantes). Collection entomologiques. Herbier relatif à la Flore des Philippines (5.400 spécimens). Herbier de l'Indochine.

Musée économique, 1, rue Chasseloup-Laubat.

En se dirigeant vers les quais :

L'**Arsenal** est au confluent de la rivière Thi-nghè (arroyo de l'Avalanche) et de la rivière de Sài-gòn, sur l'emplacement des anciens chantiers de la marine militaire annamite.

Cet établissement est la base principale de la flotte française en Extrême-Orient. Marteau-pilon, ateliers, forges, permettent d'exécuter d'importantes réparations et même de construire des torpilleurs et des vapeurs. Bassin de radoub de 168 m. Quinze cents ouvriers chinois et annamites, sous la surveillance de contremaîtres des spécialités, sont employés journellement.

Sur la rivière, sont ancrés plusieurs bâtiments de guerre.

En longeant les quais jusqu'à la rue Paul Blanchy parallèle à la rue Catinat, *l'hôtel de l'Amirauté* puis, sur le Rond-Point, la statue de l'amiral *Rigault de Genouilly* (1807 à 1873), due au sculpteur Alex. Lequien, et le mausolée du marin et explorateur *Doudart de Lagrée* (1823 à 1868).

LE TOUR DE L'INSPECTION

A l'heure fraîche, vers 17 heures, parcourir en automobile le *Tour de l'Inspection*, promenade favorite des Saigonais. Départ par la rue Catinat, le troi-

sième pont de l'arroyo de l'Avalanche, la traversée de Gia-dinh, le tombeau
de l'Évêque d'Adran, la Télégraphie sans fil et le Camp d'aviation, *Cho' Lo'n*.
Retour à Sài-gòn par les quais de l'arroyo Chinois. Trajet en 1 h. 30.

La distance entre Sài-gòn et *Gia-dinh* est de 3 k., par le Jardin botanique,
Phù-mi (Thi-nghè). Le trajet est plus court par Dât-hô.

Bac-lièu, siège de la province de **Gia-dinh**, aux habitations
disséminées.

Tombeau de *Lê-van-duyêt*, général de Gia-long, kinh-lu'o'c
de Cochinchine. Le monument funéraire est un des plus vastes
du pays (24 mèt. sur 10). Sculptures intéressantes.

L'ennuque Lê-van-duyêt avait été un des fidèles de Gia-long qui l'avait appelé à de hautes fonctions administratives; il était un ami des Français et re-
connaissait les services éminents que ceux-ci avaient rendus à la cause de son
protecteur; aussi, lorsque le roi Minh-mang voulut persécuter les missionnaires
et les catholiques, refusa-t-il de faire appliquer l'édit royal dans son gouvernement. A sa mort (1831), Minh-mang ordonna qu'un procès posthume fût en-
gagé contre lui; le défunt fut condamné. Son mausolée fut détruit et remplacé
par un poteau chargé de chaînes. Cette peine de la profanation du tombeau est
la plus infamante chez un peuple où le respect des morts est profondément en-
raciné. Le monument funéraire fut réédifié sous Thiêu-tri.

Le *temple* de Lê-van-duyêt est voisin. Tablette, siège de
l'âme du défunt. Armes, costumes et palanquin du grand mandarin. — Autel dit de la « Prestation du Serment ».

Ce serment, que les anciennes coutumes indigènes exigeaient souvent des
parties adverses dans les cas difficiles à résoudre, consistait dans des formules
d'imprécation. Ces paroles étaient dites en buvant le sang d'un poulet fraîche-
ment égorgé et vouaient à la colère de l'Ennuque et celui qui les prononçait,
et sa famille. On a vu des plaideurs renoncer au bénéfice de ce serment.

Tombeau de l'Evêque d'Adran

Mgr Pigneau de Béhaine, évêque d'Adran, grand conseiller du prince Nguyen-
anh (Gia-long), fut après le P. Tachard l'initiateur de la politique française
en Indochine.

Le *tombeau* de Mgr d'Adran est à l'ombre de superbes
manguiers, dans un jardin que le missionnaire avait cultivé
de ses mains et qu'il avait désigné pour recevoir sa sépulture.
La tombe fut élevée, en août 1800, par la reconnaissance du
roi à la mémoire du prélat. Elle « est placée sur une plateforme de neuf toises carrées, sur une demi-toise de hauteur,
sur laquelle s'élève une belle maison annamite couverte
en tuiles; une muraille de briques à hauteur d'appui, avec
différentes décorations, en fait le contour. »
Devant la tombe, une inscription : «...En 1799, il se rendit dans la province de Qui-nho'n et mourut au port de
Thi-nai (Qui-nho'n,) le 11ᵉ jour du 9ᵒ mois dans la
57ᵉ année de son âge (9 octobre 1799). Le 10ᵉ mois de la même
année, il fut élevé à la dignité de *tho'-tu' tho'i-pho* et *quân-công*
(*Bi-nhu*)...»

Mgr Pigneau de Béhaine mourut le 9 octobre 1799 devant Qui-nho'n, quelques jours avant la prise, par les Cochinchinois, de cette importante forteresse maritime des Tây-so'n. Le roi d'Annam lui décerna un brevet posthume le 8 décembre et les obsèques eurent lieu le 16 décembre 1799.

Le prince Canh, son ancien pupille, menait le convoi qui comprenait au moins 40.000 personnes. Le souverain s'y trouvait avec sa cour « et, chose étrange, dit un témoin, sa mère, sa sœur, la reine, ses concubines, ses enfants, toutes les dames de la cour, crurent que pour un homme si au-dessus du commun, il fallait passer par dessus toutes les lois communes : elles y vinrent toutes et allèrent jusqu'au tombeau. Lorsque les cérémonies du culte catholique furent accomplies, « le roi s'avança d'un pas grave et majestueux, la douleur peinte sur le visage, et fit ses derniers adieux au prélat; ses larmes coulaient avec tant d'abondance, qu'un grand mandarin qui ne pleura jamais, en fut pénétré jusqu'au vif. » Le souverain, qui allait bientôt prendre pour titre de règne Gia-long (1802 à 1820), prononça l'éloge funèbre : « ... Je le décore de la dignité et des titres ci-énoncés : Très-haut et puissant Seigneur et prince Pigneau, premier ministre d'État et gouverneur de l'héritier présomptif de la couronne, surnommé *Trung-y* « Fidèle et excellent. » Enfin, pour donner à la famille du prélat « une marque éternelle de sa reconnaissance, le roi a fait un brevet sur un damas brodé où il a écrit l'éloge de ce sage, cet intime confident de tous ses secrets, qui ne le quitta jamais alors que la fortune lui était contraire et qu'une mort prématurée enlevait au moment où la victoire était revenue sous ses drapeaux. »

Dans les *Biographies de Gialong*, on lit : « Son nom rituel (*hây*) interdit est *Trung-y*. On ramena son corps à Gia-dinh et on l'y enterra. On accorda 50 hommes de garde pour son tombeau. »

Le monument a été décrété propriété nationale le 3 août 1861, sur la proposition du ministre Chasseloup-Laubat.

On passe par les lieux des combats des 24 et 25 février 1861, où l'amiral Charner força les lignes de *Chi-hoà* organisées par le maréchal Nguyên-tri-phu'o'ng. Le monument de l'enseigne *Lareynière*, tué pendant le combat, rappelle le fait d'armes.

Un contingent de 3.000 Français et de 200 Espagnols des Philippines enlevèrent d'assaut les lignes ennemies, couvertes par plusieurs forts détachés. C'étaient des épaulements en terre, hérissés de bambous, protégés quelquefois par cinq fossés, par des chevaux de frise et par des palissades enchevêtrées avec beaucoup d'art. D'étroites meurtrières, ouvertes dans toutes les parties et très rapprochées, étaient garnies de canons, de pierriers, de fusils de position; les soldats étaient armés de fusils à pierre avec baïonnette. Les ouvrages avancés furent emportés dans la matinée du 24 février, puis, les troupes commencèrent leur mouvement tournant à travers la plaine des Tombeaux et allèrent camper à 1.500 mèt. des réduits. Le 25, au lever du soleil, l'assaut fut donné et les forts tombèrent successivement au pouvoir des alliés. Ceux-ci eurent, pendant ces deux journées, 225 hommes hors de combat. Sài-gòn était débloqué.

La *station* d'émission de *Télégraphie sans fil*, dont les hauts pylones s'aperçoivent au loin, a été terminée en 1923.

Cette station est élevée dans la plaine des Tombeaux, sur le territoire de la commune du Phú-tho. Son antenne est constituée par une nappe aérienne de vingt fils longitudinaux, soutenue par huit pylones de 250 mèt. de hauteur. La station a été inaugurée le 17 janvier 1924 par un échange de messages officiels entre la France (La Fayette-Croix d'Hins, près Bordeaux) et l'Indochine.

Le *camp d'aviation*, de Phú-tho, aérodrome avec ateliers, magasins, logements, hangars pour les avions, hydravions, hydroglisseurs.

La première formation fut constituée avec des avions Bréguet, des hydro-glisseurs Lambert, etc. L'aviation sert à de multiples emplois : transport, exploration, reconnaissance, photographie du terrain, etc.

Le premier raid aérien de Paris à Sài-gòn fut couvert, en 1924, par le lieut'-aviateur Pelletier-Doisy en 11 étapes (12.029 k.). L'avion partit de Villacoublay le 24 avril et arriva à Phú-tho le 11 mai (18 j.).

. La *Plaine des Tombeaux*, vaste nécropole semée de *tumuli* en terres, en briques ou en pierres, dont l'étendue inculte est progressivement diminuée.

Cho' Lo'n

Cho' Lo'n (pron. Tieu-leune et non Cho-len) « le grand marché ». C'est l'une des « capitales du riz », le faubourg commerçant et industriel de Sài-gòn. Sa municipalité compte 93.949 hab. (1921) dont plus d'un tiers sont originaires de la Chine méridionale. Il est situé au confluent du rach Lô-gôm et de l'arroyo chinois; son importance date de 1778, lorsque des commerçants chinois vinrent s'y installer.

Trois voies ferrées relient Sài-gòn à Cho' Lo'n :
1º le *chemin de fer* de Mi-tho; trajet en 9 min.
2º le *tramway* de la « route haute » (5 k. 100);
3º le *tramway* électrique de la « route basse » (6 k. 300), continué sur le marché de Binh-tây.
Cinq Routes mènent de Sài-gòn à Cho' Lo'n :
1º « Route du Polygone », dans le prolongement de la rue Legrand de La Liraye, passe devant la Champ de courses et traverse l'immense « Plaine des Tombeaux ».
2º « Route Stratégique », rectiligne, fait suite à la rue Chasseloup-Laubat et coupe la voie ferrée.
3º « Route haute » continue la rue Lagrandière. Cette route dessert le *Camp des Mares* affecté aux Tirailleurs. Ce fut autrefois la place du *Hiên-trung-tu'* « Temple de la Fidélité éclatante » élevé par le roi Gia-long (1802-1820) à la mémoire de ses mandarins et généraux qui l'aidèrent à abattre la puissance des Tây-so'n (1789 à 1802). Dans cette sorte de Panthéon figurait la tablette du Macaïste Man-oé (Manuel) commandant l'escadre royale qui, en 1783, périt dans un combat en rade de Can-gio'; il fut appelé « Sujet fidèle, juste et méritant » et eut les titres de « généralissime, colonne de l'Empire ».
4º Le *boulevard Galliéni*, large de 40 mèt., dans le prolongement du boulevard Bonnard.
5º « Route basse » sur l'arroyo chinois par le quai de Belgique.

La majorité du gros commerce et de l'industrie est entre les mains de groupements chinois. Ceux-ci sont constitués en « congrégations » d'après leurs affinités linguistiques; on compte ici cinq « guildes » dénommées selon leur lieu d'origine : *Canton* et le delta; *Phu'o'c-kien* (Hok-lo de la région d'Emoui (A-moi) au Fou-Kien; *Hac-ka* du N.-E. de la province de Canton; *Triêu-châu* (Hok-lo du voisinage de Soua-t'eou, au Kouang-tong); *Hai-nam*, insulaires du district de Wen-tch'ang.

Les ponts courbes au-dessus des arroyos, les longues enseignes à chaque magasin, les lanternes chinoises allumées dès que le soleil se couche, la foule indigène qui se presse dans les rues ou aux portes des théâtres, tout donne à cette ville un cachet asiatique particulier. Se promener rue des Marins, rue de Canton.

Des temples ou pagodes ont été élevés par les diverses congrégations chinoises, aux génies ou aux saints les plus honorés dans leurs petites patries absentes; parmi ces sanctuaires, on peut citer; celui de *Canton*, celui de *Phu'o'c-kien*, rue de Cây-mai, qui a été reproduit à l'exposition de Paris de 1900. — Collège franco-chinois. Hôpitaux.

AUX ENVIRONS : Couvent cloîtré de nonnes.

Cây-mai arbres plantés sur la colline Mai-ki. Les Annamites élevèrent, sur l'ancienne pagode cambodgienne *Ho-tang-trân-thap*, au XVIII° s., la pagode *An-tân*. Pendant l'occupation Tay-so'n l'édifice fut endommagé, puis restauré en 1814; en fouillant le sol on découvrit alors une grande quantité de briques et de tuiles anciennes ainsi que deux feuilles d'or longues de plus d'un pouce et du poids de trois sapèques sur lesquelles étaient gravées l'image du Bouddha assis sur un éléphant. — Des vestiges de fortifications étendues se remarquaient autrefois.

Fabrique importante de céramique.

On peut rentrer à Sài-gòn soit par le *boulevard Galliéni*, soit par la « route basse » qui longe l'arroyo chinois.

2. A. Sài-gòn à Phnom-penh

VOIE FLUVIALE

Rapide aperçu de l'itinéraire. Se reporter aussi à la partie COCHINCHINE pour la description des sites de ce pays.

Sài-gòn.

De la capitale de la Cochinchine, le paquebot descend la rivière de Sài-gòn, puis entre dans le fleuve Dòng-nai.

On pénètre en mer par le Cu'a Loi-rap (Soai-rap).

Le phare de *Cu'a Tiêu* marque l'entrée du bras supérieur du Me-khong, celui de Mi-tho, fréquenté par les cargo-boats se rendant à Phnom-penh. La barre de l'estuaire maritime a 2 m. 20 à mer basse et 5 m. 70 à grande marée haute.

Ce bras paraît avoir été de tout temps le plus fréquenté. C'est la quatrième embouchure qui se présente aux navires ayant repéré le Cap St-Jacques. Les trois premières sont la baie de Ganh-rai, la bouche de Dòng-tranh et celle de Loi-rap.

Tcheou Ta-kouan, en 1296, nous a laissé la description suivante de la côte : « De Tchen-p'ou, en se dirigeant S.-O. tiers O., on traverse la mer de Malaisie et l'on entre dans les bouches. De ces bouches il y en a des dizaines, mais on ne peut pénétrer que par la quatrième; toutes les autres sont encombrées de bancs de sable, que ne peuvent franchir les gros navires. De quelque côté qu'on regarde, ce ne sont que longs rotins, vieux arbres, sables jaunes, roseaux blancs; au premier coup d'œil il n'est pas facile de s'y reconnaître; aussi, les marins considèrent-ils comme délicate la découverte même de la bouche. » De l'embouchure, le voyageur chinois remonta le Mé-khong et traversa le Grand Lac pour se rendre à Angkor, capitale du pays khmèr. Le trajet par le fleuve est encore à l'époque des hautes eaux le plus agréable et le plus pittoresque des itinéraires.

A l'entrée du fleuve et sur la rive g., *Bên-chùa* « Débarcadère de la pagode », poste de douane. Bonne route sur Go-công (11 kil.).

Le nom annamite, Bên-chùa, peut indiquer qu'il y eut autrefois un sanctuaire khmèr.

Il y a trois siècles, le pays était cambodgien; les Annamites l'ont conquis et peuplé; les Cambodgiens, qui ne se sont pas mélangés à la race conquérante, se sont groupés dans les terres du bas Mé-khong, principalement dans le Ba-sak.

Sur les deux rives, la végétation est luxuriante; on aperçoit des rizières bien entretenues et de nombreux villages annamites.

Mitho, chef-lieu de province. Hôtel.

Le paquebot y prend la correspondance de Sài-gòn partie par le train du matin. Le trajet en paquebot de Mi-tho à Phnom-penh est de 20 h. environ.

Par le CHEMIN DE FER : Sài-gòn. — 6 kil., *Cho'Lo'n.* — 9 kil., Phu-lam. — 13 kil., An-lac. — 17 kil., Binh-dien. — 22 kil., Binh-chanh. — 27 kil., Go-den. — 32 kil., Bên-lu'c ou Phuoc-tu. — Pont de 550 mèt. sur le Grand Vaico. — 39 kil., Binh-anh. — Pont de 133 mèt. sur le Petit Vaico. — 47 kil., *Tân-an*, chef-lieu de province. — 54 kil., Tan-hu'o'ng. — 59 kil., Tân-hiêp. — 62 kil., Lu'o'ng-phu. — 67 kil., Trung-lu'o'ng. — 70 kil., *Mi-tho*.

Le fleuve est parsemé de nombreux îlots plats, allongés, formés de terre d'alluvion. Aucun monticule à l'horizon.

Cai-be, marché important au débouché du Canal Commercial venant de Tân-an.

Vinh-long, chef-lieu de province. — **Sa-dec**, siège d'une circonscription.

Dât-sat, sur la rive dr. — *Cái-tàu*, sur la même rive, à l'entrée d'un rach débouchant dans le Ba-sak au S. de Long-xuyên.

Rach de *Cao-lanh*, à l'entrée amont, sur la rive g. et vis à vis de l'île *Cùlao Gieng*.

Au delà de la rive g. s'étend l'immense plaine des Joncs, rectangle marécageux de 40 kil. sur 100, à peine entamé par les cultures. Au centre de cette dépression s'élevait un petit mamelon le Prasat Pram Loveng, appelé par les Annamites *Thap-muoi*. Il ne reste de cet édifice du VIIe s. que quelques débris.

Cho' Thu, sur la rive dr., dans la province de Long-xuyên.

Hùng-ngu, sur la rive g., au débouché d'un rach venant du Cambodge; province de Châu-dôc.

Tan-châu, station séricicole, sur la rive dr., et au débouché d'un canal venant de Châu-dôc.

Bientôt, on franchit la frontière pour entrer au Cambodge. *Vinh-xu'o'ng*, première escale sur la rive dr.

Vinh-loi, sur la rive g.

Neak-luong, appontements pour le service des bacs.

Route directe pour Sài-gòn (181 k.).

Ba-nam, centre administratif et commercial de la circonscription de Prei-veng, sis sur la rive g. du Mé-khong, au débouché du Tonlé-toch, et à 5 k. au N. de la route coloniale Sài-gòn à Phnom-penh. Chrétienté.

ROUTE de Ba-nam à *Prei-veng* (25 k. N.).

On arrive bientôt dans l'immense paysage que forme le grand X d'eau des « Quatre bras », duquel sur la g. commencent à poindre le Phnom et quelques toitures de pagodes jalonnant le front de la capitale.

Phnom-penh, à 320 kil. de Sài-gòn, signalé par le phare de Chrûoi-Chang-va, élevé sous Norodom, au confluent de la rivière du Tonlé-Sap et du Me-khong. Au S., le quartier royal et la ville cambodgienne; au N., le quartier européen; au C. et en arrière, le quartier chinois.

Le vapeur pénètre dans le *Tonlé Chado-mukh* « fleuve des Quatre-bras » et jette l'ancre aux appontements en vue du Phnom.

L'impression du touriste devant Phnom-penh est variable selon l'époque de l'arrivée : aux basses eaux, la vue est arrêtée par les parois des hautes berges; aux hautes eaux, au contraire, l'œil embrasse l'ensemble d'une cité paisible et charmante, de la ceinture verdoyante de laquelle apparaissent une architecture non encore rencontrée, des décors nouveaux et un peuple sympathique.

L'amplitude du fleuve aux hautes eaux est ici de 6 à 8 mèt. La marée ne se fait sentir qu'aux basses eaux (février à juin) et l'oscillation n'est que de 50 centimètres.

B. Sài-gòn à Phnom-penh

VOIE DE TERRE

243 kil. par la route directe, viâ *Gô-dâu-ha;* — 275 kil., viâ *Tây-ninh;* — c'est le trajet direct que nous suivrons.

La route coloniale de *Sài-gòn* à *Phnom-penh* passe à *Ba-quéo* (k. 7). Au kil. 19, elle rencontre le chemin de *Hoc-môn* (1 k.).

La route franchit la dépression marécageuse de Câu-an-ha. 54 k., *Trang-bàng,* dans la province de Tây-ninh; source. On laisse, sur la dr., la route de Tây-ninh.

67 k., *Gô-dâu-ha,* sur la rive g. du Vaico oriental.

78 k., passage de la frontière; on quitte le territoire de la Cochinchine pour celui du protectorat du Cambodge.

94 k., sur la g., chemin de *Sok-nok* (13 k. S.-E.).

109 k., *Kg. Prah-saut* (Lo-sút), petit centre commercial, proche d'une belle forêt de bambous, à la limite du khêt de Soai-teap.

ROUTES : 1º de *Kg. Ro* (13 k. S.-E.), centre d'exportation de paddy; belle route dans un pays cultivé en rizières.
2º de *Thai-binh* (15 k. S.), centre fluvial de la province de Tan-an.

120 k. **Soai-rieng**. siège d'une circonscription résidentielle et du khêt de Romduol. Centre commercial assis entre les trois bras des *prek* de Trabek, de Kg. Chak et de Prah-saut. En aval, les trois bras se réunissent et forment un cours d'eau navigable pour les chaloupes. L'agglomération comprend le quartier de Trabek; chrétienté.

ITINÉRAIRES. Les excursions sont surtout recommandées pendant la saison sèche, de décembre à juin :

1°, *Tây-ninh* (51 k. N.-E.) par bonne route.

2°, *Ba-sak* (Ba-tac, *a*) (6 k. S.-E., 30 min. en pirogue). Ce village est près d'un petit cours d'eau. Vestiges khmers d'un sanctuaire principal en briques entouré de sept édicules et d'un mur de briques ayant 334 mét. de développement. Trois stèles en mauvais état ont été retirées de ces ruines. Diverses sculptures ont été portées à la résidence de Soai-rieng.

3°, *Kg.-Trach* (48 k. N.).
Excursion en voiture, puis en pirogue. A 26 k., *Chan-trey*, du khêt de Romcashek, village et pagode dans un site agréable; forêts, clairières, rizières. Au-delà, le pays se couvre de forêts. *Kg-Trabach*, terminus de la navigation; descendre en pirogue la rivière jusqu'à *Peam-metrey*.

141 k., le Stu'ng Krang-leo sert de limite entre les khêt de Romduol (Soai-rieng) et de Ba-phnom (Prei-veng). — *Prei-chhor.*

150 k., *P. Prasat.* Ruines de deux sanctuaires carrés, en briques; quelques débris de sculptures; le tout recouvert par la végétation.

165 k. *Kg. Trabek*, entrepôt de paddy de la région, fréquenté par les chaloupes à vapeur de Cho' Lo'n.

Dans le S.-E., sur une longueur de 15 kil., une série de vestiges de sanctuaires khmèr : *Vat Krang-svay*, débris d'inscription du IX° s. — *Vat Kedei-trap*, fragments de linteaux décoratifs et une inscription; — *Kedei-ang*, débris de colonnettes et stèle avec inscriptions en sanscrit et en khmèr du VI° et du X° s. — *Vat Chan-na*, cuvettes à ablutions placées dans le vihâra actuel; — *Vat Hang-phnang*, sculptures détruites. — Plus au S., *Vat Ha*, stèle digraphique de Yaço-varman; l'édifice ruiné était dédié à Kârttikeya, dont une statue a été trouvée à Kedei-ang.

Sur la dr., la route du Phnom de *Baphnom* (9 k.).

Cette colline, revêtue par la forêt, est de formation granitique (200 mét. alt.); dans cette immense plaine, elle sert de station géodésique. On jouit à son sommet d'une température favorable et d'une vue pittoresque. Une sala. Carrière pour exploiter la roche.
Au N. du soulèvement, un groupe de trois sites ruinés : 1° *Prah Vihear Chan* est un sanctuaire en briques ouvert à l'E, élevé sur une terrasse; il comprend un vestibule, une nef, un avant-corps et le sanctuaire. — 2° *Prah Vihear Kuk*, grande statue du Bouddha, stèle avec inscription sanscrite de 627 A. D. et une autre en sanscrit et en khmèr. — 3° *Prah Vihear Thom*, pagode moderne, cuvettes à ablutions.

181 k., *Neak-luong*, sur la rive g. du Mé-khong, à 5 k. au S. de *Ba-nam.*

Sur les rives, des estacades en béton armé destinées à faciliter l'accostage des bacs à moteur ainsi que l'embarquement et le débarquement des automobiles.

ROUTE. Neak-luong à *Prei-veng*, 30 k. N.
La route longe la berge. — 5 k., *Ba-nam*, centre administratif sur la rive g. du Mé-khong, au débouché du Tonlé-toch. Entrepôt important de paddy.

Chrétienté. — 30 k., *Prei-veng*, siège de circonscription résidentielle et du khêt du même nom, situé sur un lac dont l'exutoire jette ses eaux vers le Mé-khong; centre commercial.

183 k., *Pr. Tom-leap*, dans une grande île de la rive dr. du grand fleuve; khêt de Lo'k-dek de la circonscription de Ta-kéo.

La route longe le Mé-khong vers l'amont. — *Kg. Phnom-krau*, vis-à-vis de Ba-nam. — *Samrong-thom*. — *Pr. Thmey*. — On entre dans le khêt de Kien-soai de la circonscription de Kandal (Phnom-penh). — 223 k., *Koki*.

239 k. La route arrive au bord du bras occidental du Mé-khong, appelé *Ba-sak*. Estacades sur les rives pour faciliter la traversée du lit du fleuve par bac à moteur.

Ta-keo, faubourg méridional de la capitale.

243 k., **Phnom-penh**, siège du gouvernement du Cambodge.

3. Phnom-penh

Phnom-penh « Colline de [Dame] Penh », 76.000 h., est la capitale du royaume cambodgien. La ville est située, par 11° 35' de latitude N. et 105° 15' de longitude E. de Greenwich, sur la rive droite du Mé-khong, au lieu dit « les Quatre Bras ». Son port, à 173 milles m. de la mer, est accessible en toutes saisons aux bâtiments de moyen tonnage; il est ouvert, depuis 1908, aux navires étrangers qui y chargent principalement du riz, du bétail, du coton.

Palais royal. Résidence supérieure. Siège des administrations cambodgiennes et françaises du protectorat. Tribunaux. Vicariat apostolique.

Phnom-penh a une population composée d'éléments ethniques très variés, Européens (900), Cambodgiens (31.000), Chinois du Sud (20.000), Annamites (19.000), Malaisiens (3.700), Hindous (216), etc.

Lorsque Phnom-penh devint la capitale du royaume en 1434, la ville reçut le titre de *Krong Chado-mukh, Mongkol Sokkala-Kampuchea-thipdei, Sereisolhor, Parava, Intapatta borei, Raliharachasema Moha-nokor* « Capitale des Quatre Bras, heureuse maîtresse de tout le Cambodge, fortunée, noble ville d'Indraprastha, frontière du royaume ».

Hôtels : voir à l'INDEX TOURISTIQUE, à la fin du volume.

Routes : 1° Phnom-penh à Angkor; — 2° à Battambang; — 3° à Kampot Bokor et Port-Ream; — 4° à Châu-dôc; — 5° à Saï-gòn; — etc.

Navigation : 1º Phnom-penh aux Grands Lacs. (Angkor, etc); — 2º à Châu-dôc; — 3º à Ba-nam, Mi-tho et Sài-gòn; — 4º à Kra-cheh, Khon et le moyen Mé-khong; etc.; — 5º Relations maritimes directes, mais irrégulières sur Manille et les ports d'Extrême-Orient.

Lignes automobiles. Des services réguliers sont assurés sur : 1º Sài-gòn, — 2º Angkor, — 3º Kg. Cham, — 4º Battambang, — 5º Kampot, Bokor, Kep et Ha-tien, — 6º Châu-doc, par Ta-keo.

Établissements scientifiques : *Musée du Cambodge* (Albert Sarraut); objets intéressant les arts et l'archéologie du pays. *Bibliothèque.*

École des arts cambodgiens, contiguë au Musée.

École supérieure de pâli, pour les études de théologie bouddhique.

Bibliothèque et *Archives du Cambodge.*

Commission des Antiquités historiques et archéologiques du Cambodge.

Société des Amis d'Angkor.

Séjour à Phnom-penh : 1er jour, MATIN, *Musée du Cambodge* et *École des arts cambodgiens*; — APRÈS-MIDI, *Palais royal* (demander autorisation à la Résidence supérieure de 10 à 11 h.: le Palais étant ouvert de 15 à 17 h. les mardi, jeudi, samedi non fériés) : *Salle du Trône*, Glaive sacré, Bijoux de la couronne; *Vat Prah-keo.* — Tour de Ville (17 à 18 h.), *Phnom*, jardin, pagode et chètdé , Quais et boulevards le long du Mé-khong. — Au S. le faubourg cambodgien du Petit Ta-keo.

EXCURSIONS : 2º j., MATIN, Promenade dans le quartier chinois, les rues, les magasins; — APRÈS-MIDI, excursion à *Udong* (37 k., par la route de Battambang; départ à 14 h.), pagodes et caitya, ou tombes royales. Vue étendue du haut de la colline. — Les chasseurs, partant dès le matin, peuvent faire un circuit par la « route royale » et se rendre au *Phnom Ba-set* (à 6 k. 5 E.), ruines, pagode, chasse aux environs. (Circuit complet 106 k).

3e j., *Phnom Chisor* (62 k. S., en 3 h. d'auto; emporter un repas froid pour y déjeuner), sanctuaire brahmanique du XIe s. élevé sur une hauteur (300 marches) et dont la silhouette, vue de la plaine, rappelle quelque forteresse d'Europe au moyen-âge. Au retour, visiter *Ta-prohm* (de Bati) (à 19 k. au N.), édifice religieux de la même époque que le précédent, en bon état de conservation (voir R. de Phnom-penh à Châu-dôc).)

On peut entreprendre diverses autres excursions :

1º Au S. : Phnom-penh à *Kampot* (148 k.) d'où on peut aller : a) à *Kep*, plage sur la mer du Cambodge; hôtellerie; — b) à *Bokor*, station d'altitude dans le massif de l'Éléphant. Hôtel. (Service régulier d'auto.)

2º Au N.-E., par le fleuve ou par terre à Kg. Cham pour visiter aux environs le *Vat-Nokor*, sanctuaire brahmanique important.

3º Au N.-O., chasser le gros gibier dans la région du *Phnom Thippedei* (275 k. de Phnom-penh par la route de Battambang); — celle du *Phnom Veal-chop*, ou celle du *Sarphuk* au S. de Phai-lin (grands fauves, bovidés, cervidés, gallinacés, etc.).

HISTORIQUE

La position de *Phnom-penh*, à la jonction de grandes voies navigables, fait présumer que le site fut naguère un centre de commandement ou de surveillance. En effet, autrefois, les routes liquides étaient les plus employées et il importait de protéger la navigation et de garder l'accès de la capitale; or, la résidence royale fut au N. des Lacs jusqu'au XVe s., puis, elle fut transférée près du bras du Tonlé-sap; du reste, un texte siamois signale l'existence d'un khêt de Caturmukha (mu'ang Câtura*h*mug, *Cædès*) vers la fin du XIV⁰ s.

La plus ancienne légende, sur le site des « Quatre bras », est celle qui a rapport à l'érection (vers 1372) de la pagode du Phnom. M. G. Maspéro a rappelé la genèse de la cité, en août 1920 devant le roi Sisovat, d'après les recherches de M. Cœdès.

« Au temps « de la grande pitié du Royaume de France », lorsque Duguesclin guerroyait pour en bouter l'Anglais dehors, c'était grand deuil aussi dans le royaume des « Fils de Kambu », où les Siamois toujours plus puissants et toujours plus nombreux, venaient d'installer, à Angkor-la-Grande, un des leurs, comme roi. Les Khmèr, se sentant abandonnés des dieux, désertaient les cités des bords des lacs qu'ils avaient, au temps de leur grandeur, peuplés de monuments magnifiques, et venaient chercher dans les pays du Sud, la sécurité et l'oubli.

« Or, à l'endroit où s'élève à présent la capitale du Cambodge, une dame Penh avait construit sa maison, sur un tertre flanqué à l'E. d'une butte conique. Un soir, que les eaux du fleuve grossies par les pluies avaient débordé elle vit tournoyer devant sa maison, au gré des remous du courant, un *koki* (sao, *n;* genre de diptérocarpées) gigantesque aux branches encore couvertes de frondaisons. L'ayant fait tirer à terre pour en débiter le bois, elle y trouva, en un creux, quatre images en bronze du Bouddha et une statue de Prah Noreay, le Vish*n*u « qui va au gré des flots ».

« Elle comprit que les dieux s'étaient, eux aussi, décidés à quitter Angkor et avaient, en s'arrêtant auprès de sa demeure, marqué leur volonté d'assurer aux lieux où elle s'élevait les destinées d'une capitale.

« Alors, dit la chronique, dame Penh et tous les gens d'alentour se réjouirent grandement et ramenèrent les saintes images en grande pompe jusqu'à la maison de dame Penh, qui construisit un abri provisoire. Puis elle pria tous les habitants de venir l'aider à exhausser la butte qui se trouvait devant sa demeure et en faire une véritable colline. Sur son sommet, elle édifia, du bois du koki, un sanctuaire où elle déposa les quatre statues du Bouddha, tandis qu'elle abritait celle du Prah Noreay dans une petite chapelle édifiée au pied de la colline, du côté de l'Est. Et cette colline, ainsi exhaussée en l'année 1375 par les soins de la pieuse dame, pour y installer les dieux venus du Nord, a conservé depuis le nom de *Phnom Dôn-Penh* « la Montagne de la dame Penh », dont on a fait depuis Phnom-penh.

« C'est en ce lieu, élu des dieux que, soixante ans plus tard, le roi Ponhea-yat — appelé Srei-Soriyopor par les chroniques, délaissant à jamais Angkor-la-Grande, qui venait d'être saccagée par les Siamois et n'était plus déjà que ruine, forêt et solitude — décida d'établir sa résidence et de fonder sa capitale.

« Les travaux préparatoires terminés, il quitta Bà-sàn, au pays de Srei-santhor, où il s'était provisoirement installé et se rendit en bateau à Phnom-penh, accompagné de ses mandarins et de tous ses gens le mardi 9⁰ jour de la quinzaine décroissante du mois de Pisàkh, de l'année du Tigre, 6⁰ de la décade, 1434⁰ de notre ère d'Europe.

Dès qu'il y fut arrivé, racontent les Annales, il ordonna à Oknha Dechu Srei, gouverneur du khêt du Samrong-tong, de lever des hommes corvéables pour aller chercher de la terre dans la plaine, s'étendant au S. du Phnom, et de la porter au pied même de ce Phnom et dans le palais. Il fit ainsi remblayer tout ce quartier et aplanir le terrain, jusqu'à la berge du fleuve qui a été dénommée pour ce Kompong-reap « la berge en pente douce ». La plaine, d'où l'on avait

extrait la terre nécessaire à ce travail, se transforma rapidement en marais et
prit le nom de *Beng Dechu* « le marais de (l'Oknha) Dechu ». (1)

« Le roi prescrivit ensuite au gouverneur du khêt de Bati nommé Plong,
d'ouvrir un canal pour assurer les réserves d'eau nécessaire à la consommation
des habitants. Ce canal, recouvert de pierres plates et de terres qui le cachaient
à la vue, prit le nom de *Prek Oknha Plong*, « le canal de l'Oknha Plong. » (2).

« Le roi, tout en même temps, fit, autour de la ville, élever un grand rempart de terre et creuser une douve qui reçut, au S., le nom de *Prek Ta-keo* « canal de l'ancêtre Kèv »; à l'O., celui de *Prek O-Kor* « canal des ouatiers »; au N.,
celui de *Prek Pongpeay*. Mais, ayant installé, sur les bords de ce dernier les
Chinois chargés de forger des armes, on ne le désigna plus que sous l'appella-
tion de « canal des Forgerons chinois », *Prek Chen Dam-dèk*. Tout le long du
fleuve, enfin, il ordonna la construction d'une digue destinée à protéger la
ville contre l'inondation.

« Les fonctionnaires et les habitants construisirent leurs demeures à leur gré
dans l'enceinte de la capitale, et toute la partie occidentale fut réservée aux rizières.

« Cinq cents ans ont passé depuis le jour lointain où Ponhea-yat baptisait
la ville qu'il venait de construire. Abandonnée à diverses reprises par les rois
du Cambodge, les siècles avaient passé sur elle, sans beaucoup la changer, et
je l'ai trouvée (1894) telle encore que l'a décrit la chronique. Ce n'est guère
que depuis l'avènement de Votre Majesté, qu'elle a dépouillé, sous l'impulsion
créatrice du Résident Supérieur Outrey, sa forme d'antan vétuste et périmée
pour se transformer en une cité tout éclatante de l'or de ses toits étagés, toute
vibrante d'une vie chaque jour plus intense, digne des destinées que lui permettent la richesse du Cambodge et l'avenir de ses enfants. »

Phnom-penh resta la résidence royale de 1434 à 1467 environ; puis, celle-ci
fut transportée successivement à Angkor, à Porsat, à Babaur, à Lovek, à
Udong, de nouveau à Phnom-penh pendant l'année 1813. Les Annamites y
avaient élevé le Banteai Kev (Fort de Keo) qu'ils occupèrent plus tard de
1833 à 1842, d'où ils furent chassés par les Siamois.

Le roi Norodom quittant Udong, vint s'installer en ce lieu en 1867. Phnom-
penh a pris un grand développement depuis 1892.

La capitale comprend trois parties : Au N., le *quartier européen*, autour du Phnom; au C. le *quartier chinois*, centre du
commerce; au S. le *quartier cambodgien* entourant le palais
royal.

Le débarcadère fluvial est à proximité du quartier européen
et des services du Protectorat. Hôtels; Poste et télégraphe;
Banque; Résidence supérieure; Bureaux de la Résidence
supérieure (à l'O. du Phnom), etc. Plus au N., les Tribunaux,
Hôpitaux, Écoles. Quelques monastères boudhiques, dont le
Vat Puttha-khôsà « le monastère de Buddhaghosa », fondé

---

(1) Ce quartier a été en partie remblayé en 1922.
(2) Le canal de Verneville.

pendant le second quart du XVᵉ s. pour perpétuer le souvenir du saint moine que certaines traditions font venir au Cambodge après l'an 430.

Le **Phnom** est le monticule haut de 27 mèt. qui domine le quartier européen, le fleuve et les environs.

Au sommet s'élève un monument bouddhique surmonté d'une longue flèche avec un coq et cinq couronnes superposées. C'est le *Val Phnom*, connu aussi sous le nom de *Val Práh Chètdei-baropot* « Monastère du saint chètdei de la montagne ».

Un escalier monumental mène au sanctuaire et rappelle, ceux donnant accès à certains temples brahmaniques des environs d'Angkor. Ses côtés, sont bordés de corps de nâga et sur les paliers sont posés des lions (*simha*) et des gardiens de pierre.

A l'intérieur de l'édifice, sur un sol dallé de mosaïques, le Bouddha est représenté assis sur un trône sculpté et doré. Derrière se dresse le caitya renfermant de saintes reliques.

Le sanctuaire aurait été élevé en 1372 pour recevoir quatre images du Bouddha, déposées au pied de la colline par les eaux du Mé-khong et recueillies par une dame Penh. En 1434, le roi Pouhea-yat décida de reconstruire le chètdei; il « comprenait intérieurement deux chambres superposées contenant chacune un autel, l'étage supérieur occupant tout l'intérieur du stûpa, et l'étage inférieur ouvrant extérieurement par quatre portes aux quatre points cardinaux. » L'édifice, reconstruit en 1806 lors de la majorité du roi Ang-chan, fut brûlé en 1881. Le sanctuaire fut relevé de 1890 à 1894 et son aspect modifié; son achèvement fut accompagné de fêtes officielles et religieuses brillantes et de réjouissances publiques.

Au N. du Phnom et un peu au-dessous de la pagode. un petit sanctuaire sans apparence est consacré au génie du *Prah Chau*. Cette construction remplaça celle élevée au XIVᵉ s., sur la face E., à une statue de pierre (Vishnu ?) recueillie sur la berge.

Les flancs du Phnom et les alentours sont aménagés en jardin planté de grands arbres, sillonné de routes. A mi-hauteur, le bronze commémoratif, par Rivière, du retour des provinces orientales à la patrie cambodgienne.

Au centre, le roi Sisovat; à droite, les trois provinces de Siem-reap (Angkor), Sisophon et Battambang viennent présenter foi et hommage à leur souverain.

Le *parc*, d'une étendue de dix hectares, renferme des spécimens des volatiles et des fauves du Cambodge. Un kiosque, où la musique royale donne des concerts.

Dans le prolongement du jardin public, le *Pont des Nâga*, construit (1894) dans le style des ponts khmer des X et XI° s. qu'on rencontre sur la route d'Angkor. Ce pont franchit le canal de Verneville, anciennement Prek Oknha Plong qui desservait au XV° s. l'ancienne résidence royale.

Au delà, le *quartier chinois*. Ce centre commercial est percé de rues plantées d'arbres, habité par des Chinois, originaires des pays de langues cantonaise, hac-ka, et hok-lo (E-moui, Soua-t'cou, Hai-nan).

Dans le QUARTIER CAMBODGIEN :

Le *Vat Unnàlôm*, résidence du Patriarche bouddhiste, chef suprême au Cambodge de l'Église du Hinâ-yâna. Le monastère fut créé vers 1434 par le roi Ponhea-yat autour du *chètdei* (caitya) où autrefois le vénérable Assaji aurait enfermé la relique Unnâloma.

Cette relique corporelle du Bouddha est un poil (*loma*) de la touffe (*unnâ*) qui marquait le front du glorieux « Illuminé par la science suprême ».

Très anciennement, le Cambodge possédait de saintes reliques, et un texte chinois rappelle que le roi Rudra-varman envoya, en 539, offrir à la cour de Chine un cheveu du Bouddha long d'un tchang et deux pieds. L'empereur Wou des Leang fit partir de Canton une mission religieuse composée du moine Paramârtha qui se rendait au Magadha (Inde) et de Dharmaratna qui devait recevoir la précieuse relique offerte par le souverain khmèr.

Les moines (*bhikkhu*, en pâli) de ce couvent sont de la secte Mohà-nikay.

Le monastère a une bibliothèque de manuscrits bouddhiques en pâli.

MUSÉE

Le **Musée du Cambodge** (*Albert Sarraut*) fait face au *Men* royal, aménagé en jardin public.

C'est un élégant édifice du style khmèr contemporain, où, « les lois architecturales cambodgiennes se rapportant aux emboîtements de toitures, aux superpositions de frontons, aux bandeaux de frontons ondulés, aux portes à meneaux, aux encadrements moulurés de portes et fenêtres, aux tours élevées, toutes, depuis la toiture jusqu'aux chéneaux, ont été fidèlement respectés. La flèche de la partie centrale s'élance à 38 mèt. de hauteur. Le fronton principal est formé de 438 morceaux sculptés à part puis assemblés. La porte médiane, haute de 5 m. 10, du poids d'une tonne, est une merveille de sculpture sur bois ».

Cette construction contient : au centre et en avant un Musée des modèles d'objets d'art et d'ethnographie, des spécimens d'archéologie placés sous les galeries, une bibliothèque, un office des ventes.

Le musée, ouvert en mai 1920, a recueilli les sculptures, inscriptions, peintures et bibliothèque de la section « des antiquités khmèr » créé en février 1909.

Ce *Musée d'archéologie khmèr* renferme des pièces de haute valeur artistique ou archéologique.

Les emplacements donnés aux divers objets, sculptures, dans le nouveau musée, ne nous ayant pas été communiqués, nous regrettons d'avoir à rééditer les dispositions de l'ancienne exposition.

Voir le « Catalogue du musée khmèr », par H. Parmentier, 3 fr. Le plupart des renseignements qui suivent ont été puisés à cette source. Nous ne citerons qu'un petit nombre de pièces principales.

Les dates assignées aux diverses pièces ont été divisées par M. H. Parmentier en trois périodes : la première, dite *primitive*, qui correspond aux temps antérieurs à la floraison d'Angkor (VI-IX⁰ s.), suivie d'une période dite de *l'art d'Indra-varman* (IXᵉ-Xᵉ s.); 2⁰ la période d'apogée, désignée sous le nom de *classique* (Xᵉ-XIVᵉ s.); 3ᵉ la dernière, époque de la décadence, appelée ici *basse époque* et *temps modernes*.

Perron. Entrée.

A dr. et à g. du perron, sont posés des linteaux de pierre : le *linteau* de g. (no. 35-2), inachevé, de l'ép. primitive, provient de Sambor (Kg. Siem); il représente un arc orné de guirlandes et de pendeloques, se terminant par des crosses de rinceaux qui reposent sur des chapiteaux ornés d'une rosace en fleurons.

A dr. de l'entrée, *sema* (bloc de pierre orné sur plusieurs faces) (n° 27-1) en grès verdâtre, d'ép. relativement moderne, « Terminé par un bouton circulaire; orné sur une face du Bouddha et sur les autres de trois Bodhisattva (?) assis à l'indienne, les mains dans le giron, sous le dais de cinq têtes de nâga laqué et doré partiellement ».

A g. de l'entrée, une réduction votive d'un *prasat* (tour), grès bleuâtre (n° 33-1. à trois étages, de l'ép. classique. « Tevada décorant le corps inférieur; corniche ornée avec son bahut sculpté, portes complètes à vantaux ciselés et linteaux décorés. Les frontons du corps inférieur enferment dans le tympan Çiva sur Nandin, et deux fois un personnage à cheval sur un oiseau de face. Les tympans de l'étage 1 montrent des ascètes, ceux de l'étage 2 des décors. »

Véranda.

A droite de la porte S. et dans l'angle : *Umâ* (n° 3-2), femme de Çiva. « La déesse est légèrement hanchée. Elle était debout sur la tête du démon-buffle Mahishâsura. Elle est vêtue d'un sarong à faibles plis gravés avec pan d'étoffe formant nœud lâche en avant. La tête est coiffée de la mitre cylindrique. Ep. primitive ».

Galerie E., près de la porte : Fragments du groupe des 9 *divinités* (Nᵒˢ 10-2 et 10-3); ép. classique. Le premier ne montre que « les 4 premières divinités sous des niches élégantes, la première sur un char attelé de deux chevaux (Sûrya), la seconde sur un autel (Agni) ». L'autre ne présente que « trois divinités dans des niches finement ouvragées et posant l'une sur un oiseau, l'autre sur un éléphant. Au dos de la pièce est un nâga. — Sur la balustrade, un *stûpa*, en grès bleu, ép. classique ». La pointe terminale fait défaut; il ne reste que la mortaise qui en indique l'existence. Le stûpa est cantonné de quatre niches qui se détachent de représentations d'édifices en forme de prasat.

L'une est vide; les trois autres abritent le Bouddha dans les poses classiques de l'attestation à la terre et de l'enseignement ».

Galerie N. — Des *stèles* aux inscriptions en sanskrit et en vieux khmèr. La plus ancienne (n° 1-26), en grès jaune, provient de Vat Phu (Bassac); elle date de la fin du VI° s. çaka (VII° s. A. D.). « Deux colonnes de 10 vers. Dans le fronton supérieur orné, le trident de Çiva. Inscription sanscrite de Jayavarman 1, relatant la fondation d'un sanctuaire sur le Lingaparvata « Montagne du Linga. »

Plusieurs stèles sont de l'époque primitive.

De l'époque classique, nous citerons une des stèles du règne de Yaçovarman (810 à env. 910 A. D.) pendant lequel fut achevé Angkor-Thom : *Stèle* (1-15) de Ban Huei Thâmô (Bassac) « En deux fragments; un des angles supérieurs manque; munie d'une base monolithe. *A*, 33 lignes, écriture nâgarî importée de l'Inde du N. ; *B*, 38 lignes, écriture cambodgienne ordinaire. Inscription sanscrite; une des nombreuses stèles digraphiques de Yaçovarman où ce roi rappelle l'érection d'un monument important qui est sans doute le Bàyon d'Angkor Thom ».

Galerie O. — Dans l'angle une petite statue, ancienne, de *Vishnu*. Puis des linteaux, des antéfixes de face et d'angle, des épis, des linga. Une empreinte de *pieds sacrés* (n° 29-2) accompagnée en avant et à gauche d'un mot gravé très nettement; ép. primitive.

En dehors, un *Somasûtra* (n° 32-1) en grès gris, de l'ép. primitive.

Hall.

Au centre de la grande salle, 4 *linteaux* sculptés, en grès gris, de l'ép. classique, provenant de Sambor (Kg. Siem) et de Chikreng (Kg. Thom).

Ils sont dominés par une belle représentation (grandeur presque humaine) de *Harihara* (Çiva et Vishnu réunis en un seul et même corps) (n° 8-2); ép. primitive. » Légèrement hanché à dr., le dieu debout avait quatre bras (manquent). Sa double personnalité n'est indiquée que par la tête coiffée d'une mitre cylindrique, vermiculée à sa droite, et caractérisée dans la forme Çiva par la présence du demi-œil frontal; à gauche, lisse Vishnu. Le faire du torse est excellent. Le vêtement consiste en un sampot dont le pan est relevé dans la ceinture sur la jambe gauche; des plis nombreux sont marqués par de simples traits«.

A l'extrêmité, une grande statue de *Vishnu*.

Sur la dr.; une statue de grès gris (n° 13-2), ép. primitive, de *Laksmi* (?) debout. « Le torse est nu, les seins forts; le ventre, assez délicatement modelé, porte plusieurs plis. La tête est coiffée d'un chignon haut et compliqué. Les jambes sont vêtues d'un sarong formant pli en avant, retenu par une ceinture à plusieurs brins attachés par une élégante plaque d'orfèvrerie. Les pieds reposent sur un coussin de lotus. Les oreilles ont les lobes allongés percés, pour recevoir des bijoux vrais ». Provient de Koh-krieng (Sambor).

Un *Garuda* (n° 43-6), en grès gris, oiseau-monture de Vishnu, entouré ici de têtes de nâga, décorait une tête de parapet. Ep. classique. « Garuda serre les deux premières têtes de nâga sous ses bras dont deux tiennent délicatement des boutons de lotus; il en étreint deux autres entre ses jambes. En arrière, se voient sept grandes têtes de nâga et un petit nâga à trois têtes au centre ».

Sur la g. : *Personnage* féminin divinisé, debout (n° 24-1). « Basse ép. Le bras manque. Devant le chignon qui est à plusieurs étages, petit Bouddha assis, les mains dans le giron. Sampot moucheté de rosaces et brodé sur le bord; écharpe brodée tombant en avant, en faisant plusieurs plis sans épaisseur; ceinture brodée à pendeloques. Oreilles aux lobes distendus percés pour recevoir des bijoux vrais ».

Bas-relief en grès gris (n° 10-1); *Trinité çivaïte*. Basse ép. (?) Çiva entre sa femme Umâ et son fils Ganeça (à tête d'éléphant).

Salle de droite : Bibliothèque.

Ces *linteaux* de l'ép. classique. *Brahmâ* debout, grès gris. Ep. douteuse. Statue à quatre têtes et à quatre bras; seule une des têtes est complète.

Panoplies d'armes. Statues modernes en bois. Panneau d'objets en bronze du XIX° s., trouvés dans des sépultures indonésiennes des tribus voisines des frontières lao-cambodgiennes.

Peintures cambodgiennes modernes (don de M. Dupuy) représentant des scènes de la version cambodgienne du Râmâyana.

Bibliothèque : De nombreux ouvrages sur le Cambodge et ses monuments archéologiques sont mis à la disposition des visiteurs.

Salle de gauche.

Des linteaux et des statues brahmaniques. — Vishnu sur Garuda. — Ganeça. — Buste du Bouddha auréolé de nâga; ép. classique; rapporté du Bayon.

Dans les vitrines : des objets précieux; des sonnettes cultuelles; des bracelets, du khêt de Bati; des bijoux d'or, du khêt de Peam.

Monnaies cambodgiennes et siamoises anciennes. Sapèques annamites.

L'*École des Arts cambodgiens*(Beaux-arts), créée par M. Groslier, est contiguë au Musée. Elle maintient, parmi les ouvriers et les artistes indigènes, les traditions artistiques khmèr. Atelier de tissage et de broderies; sculpture sur toutes matières, fonte d'art, orfèvrerie, enluminure, etc.

PALAIS ROYAL

Le **Palais** royal, clos d'un mur rectangulaire de mille mètres env. de développement. La « Porte de la Victoire », entrée principale desservant le quartier officiel, flanquée de corps de garde, s'ouvre vers le fleuve, sur le boulevard. C'est sur cette avenue qu'ont lieu les jeux et les défilés aux jours de grandes fêtes, tandis que la cour prend place dans la tribune royale, aux toits multiples, située à l'intérieur de l'enceinte.

Le **Palais du Trône**, ou *Prah Tineang-tevea-vinichhay*, est situé dans l'axe de la Résidence royale.

L'édifice, construit en ciment armé, fut inauguré le 16 mai 1919 par le roi Sisovat; il remplace un vaste bâtiment en bois élevé vers 1869 sous Norodom.

Le monument est précédé d'une terrasse et d'un escalier élevé de 7 mèt. et bordé de nâga. Il présente une façade haute de 25 mèt.; sa toiture est supportée par un pignon de cariatides et par des garuda aux angles; le tout est dominé par un motif central de toits superposés; de cet ensemble s'élance vers le ciel une tour décorée des quatre faces de Çiva (59 mèt. de haut), inspirée des linga sculptés du Bayon d'Angkor-Thom.

La *Salle du trône*, de forme cruciale, mesure 100 mèt. de longueur sur 30. de largeur. Elle comprend une partie centrale, avec coupole abritant le *trône* royal surmonté du parasol à neuf étages, plus quatre travées orientées, doublées de

bas-côtés. — Parmi celles-ci, la nef Est est réservée aux récep-
tions et solennités officielles. — Deux des extrémités des
bras de la croix se terminent par la chapelle; celle de droite *Ho
Prah Athis*, consacrée au culte des ancêtres, est ornée « d'urnes
funéraires » ciselées d'or et d'argent; celle de gauche appar-
tient au culte bouddhique et contient des reliques.

Les plafonds de la coupole, sont surélevés au moyen de
voussures et ceux des nefs sont divisés en caissons. Sur les
murs se déroulent des scènes peintes de la vieille légende religieuse du *Râmâyana*.

Le monument est complété par deux édicules extérieurs.
L'un, à droite, le pavillon dit des *pages*; l'autre, à gauche, le
Ho Prah Pancha-kset.

Ce dernier renferme le *Prah Khan* « Glaive sacré », palla-
dium du royaume, qui, suivant la légende, fut donné par
Indra, ou par Vishnu, aux ancêtres khmer de la dynastie souveraine.

Cette épée, à la lame finement ciselée, n'est sortie de son
riche fourreau que deux fois par an pour être exposée. Les
Baku, descendants du clergé brahme et chapelains du « roi-
dieu », ont la garde de ce précieux joyau.

A l'étage, le « Musée privé » où sont conservés les bijoux,
pièces d'orfèvrerie, défenses d'éléphants, palanquins, parasols, attributs et armes symboliques, ornements et vêtements
de cérémonies.

Les parasols et sampots en soie comprennent sept jeux de couleurs imposés
par le rituel : rouge, pour le dimanche; jaune clair, le lundi; violet, le mardi;
jaune foncé, le mercredi; vert, le jeudi; bleu, le vendredi; noir, le samedi.

Les fêtes et les cérémonies royales sont nombreuses en pays khmèr. Les
étrangers devront s'adresser personnellement aux bureaux de la Résidence
supérieure pour s'y faire inviter.

Dans toutes ces solennités (anniversaires, enterrement, couronnement, fêtes
rituelles ou religieuses), on retouve des traces lointaines des pratiques brâhmaniques et, malgré la présence du haut clergé bouddhique, le Supérieur des *Baku*
(brahmanes), représentant des sectes de Çiva et de Vishnu, a conservé sa place
prépondérante dans les cérémonies.

Les fêtes donnent lieu à l'exécution de cantates chantées
par les chœurs des Mohori, et à des représentations des célèbres
danses cambodgiennes avec le corps des choreutes royales.

Cette institution, très ancienne, est rappelée sur les monuments d'Angkor
par les scènes des Apsaras; elle existait aussi au Champa, d'où elle passa au
VIII° s. au Japon. Ces danses sacrées de l'ancienne liturgie brâhmanique, re-
présentée en l'honneur de l'impétueux Maheçvara (Çiva) ou pour distraire les
dieux du paradis d'Indra, étaient au Cambodge l'apanage du « Dieu qui est la
royauté », et elles s'y sont maintenues probablement dans leur rituel archaïque
Elles demandent à être vues dans leur cadre asiatique, et c'est, comme l'a
justement dit P. Loti, profaner de tels spectacles que de les produire, comme
en 1906, sous un ciel étranger (Paris).

Pagode royale

Dans la cour de la Pagode royale s'élèvent de grands *caitya* renfermant les cendres des souverains : du roi Ang-duong (1846 à 1859) et de la reine Pen, ascendants des rois Norodom et Sisovat, du roi Norodom (décédé en 1904).

Le roi Norodom a édifié, en 1902, la « Pagode d'argent » nommée **Vat Prah-kéo** « Pagode du Bouddha d'émeraude » à l'imitation de celle de Bangkok. La toiture est assez élégante; le parquet de la chapelle est formé de lamelles d'argent.

Une APSARAS moderne
à Angkor-Vat

interprète par le rite de la danse l'action d'une légende religieuse.

L'entrée du Vat est à l'O. Des peintures murales représentent des scènes de la vie du Bouddha et celles de l'enfer bouddhique.

Sur l'autel, différentes statues et, au-dessus, le *Bouddha d'émeraude*, reposant sur un socle en or, surmonté d'un dais à cinq parasols. — Devant l'autel, le *Bouddha d'or*, de grandeur naturelle, fondu, admirablement ciselé et incrusté de diamants dans les ateliers du palais.

Au N. et au S. du temple deux édicules : le *Mondap* « pavillon » renferme un exemplaire du canon bouddhique richement enluminé (Prah traybeydok ou Tripitaka « Triple corbeille »);

Le *Phnôm Mondap* garni de rocailles et de verdure. Sur une pierre gravée et dorée, on conserve en réduction l'empreinte du Prah-Bat (pied du Bouddha), prise à Ceylan au Pic Adam.

A l'E., la statue équestre du roi Norodom.

A l'O., la salle des offrandes, réservée aux bonzes.

Autour de la cour dallée, on circule dans une *galerie* formant cloître. Sur les murs, couverts de peintures, les artistes ont représenté les principaux épisodes du poème épique, le *Râmâyana*.

Cet ouvrage d'édification religieuse, attribué à Vâlmîki (1er siècle?) célèbre les exploits de Râma Tchandra, septième avatâr de Vishnu, qui descend sur terre pour la délivrer des maléfices des Râkshasa et de leur roi, le géant Râvana. Ces Râkshasa sont des démons qui souillent les sacrifices, molestent les ascètes et les ermites, hantent les forêts; leurs femmes, les Râkshasi, sont encore plus cruelles et plus redoutables à cause de leurs talents de séduction irrésistible.

Parmi les épisodes : Descendance de la race solaire, incarnation et enfance de Râma. — Sa jeunesse; il reçoit les armes divines de Viçva Karman. — Son mariage avec Sîtâ, dont il obtient la main en tendant l'arc de Çiva, qu'il brise. Son exil de douze ans auquel son père, Daçaratha, roi d'Ayodhyâ, le condamne en cédant aux ruses d'une de ses femmes. — Vie de Râma dans la forêt de Dandaka jusqu'à l'enlèvement de Sitâ par Râvana. — Séjour de Râma dans le pays des singes et son alliance avec leur roi, Sugrîva. — Marche de Râma et son arrivée en vue de Lankâ (Ceylan). — Siège et prise de Lankâ; délivrance de Sîtâ et retour à Ayodhyâ. — Vie de Râma à Ayodhyâ jusqu'à son ascension au ciel.

On retrouvera ces scènes sculptées sur les monuments khmèr d'Angkor-Vat et du Bàyon.

AVENUE et SUD DE LA VILLE

En dehors du palais, le kraal des éléphants. Parmi ceux-ci, « l'éléphant blanc sacré », le *Prah So-vêl*, pachyderme vénéré, rappelant une des incarnations du Bouddha avant qu'il eût atteint sa dernière existence.

En face du palais, l'hôtel du Conseil des Ministres, flanqué de deux Tribunaux cambodgiens.

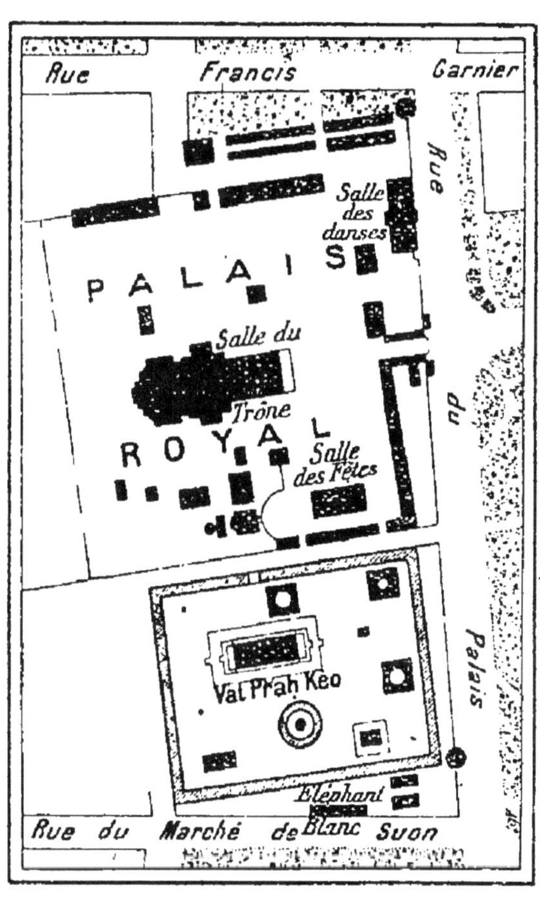

Sur le boulevard qui longe le palais et sur le quai, ont lieu les divers défilés et cortèges officiels. Sur le fleuve, se célèbre la « Fête des eaux ».

Fête des eaux, ou mieux « Fête de la joute des pirogues », a lieu en octobre-novembre, le jour de la pleine lune d'Asoch, après que les flots du Tonlé-Sap se sont renversés et qu'ils coulent vers la mer.

Cette fête annuelle a une origine très ancienne. Elle a lieu en présence du roi et les officiants sont les baku (brahmes), aux cheveux noués derrière la tête. Elle comprend quatre parties : « la fête des courses de pirogues à hautes poupe et proue »; la « coupe de la lanière sainte » qui s'achève par une course d'ensemble à laquelle toutes les pirogues prennent part. La troisième partie est la purification royale (aspersion, cérémonie du rituel mahâyâniste). La dernière est « la fête des feux flottants. »

L'*École supérieure de Pâli*, créée en août 1909, pour favoriser et développer les études de théologie bouddhique. Bibliothèque d'ouvrages intéressant les langues pâlie et sanscrite, le bouddhisme et la littérature religieuse du Cambodge.

Au S.-E. du Palais, la partie du quartier cambodgien appelée *Phsâr-suon* « le Marché du jardin », continuée jusqu'au fleuve par le *Chrûoi-rolûos* « le promontoire des arbres rolûos » où à la mi-XV⁰ s. l'Obbarach avait édifié sa résidence.

Au S. du Palais, le *Val Bôlum vodèi* (Paduma-vati), monastère de la secte bouddhique Thommayut, appelé au XV⁰ s. *Val Khpop-tà-yang;* vue sur un srah (étang sacré).

Il contient des stèles inscrites des Xᵉ et XIᵉ s. provenant du Phnom Bàset, de Lovek et de Srê-ampil. Les rampes du sanctuaire sont ornées de quatre petits linga de forme bulbée .

La *Bibliothèque* bouddhique possède un fonds de manuscrits pâlis, dont 350 d'origine siamoise réunis autrefois par le prince Ketsara.

Au S.-O. du palais, le faubourg cambodgien, suivi du faubourg annamite; tous les deux ont au S. l'avenue de Verdun qui conduit au *Champ de Courses*.

Au début de l'Avenue de Verdun, le *Val Lankà* (Langka) « le monastère de Ceylan ». Il fut élevé avant la mi-XV⁰ s. à l'E. du Phnom (proche du bâtiment du cadastre) et déplacé sous Norodom. Le roi Ponhca-yat y fit déposer les Saintes Écritures.

4. Phnom-penh au Grand lac

VOIE FLUVIALE

Service à vapeur de navigation à l'époque des hautes eaux (juillet à mi-janvier). Escales : *Phnom-penh*, Prek-phnu, Kg-Luong, Kg-Tralach, Kg.-Chhnang, Snok-tru, entrée de Porsat, Kg.-Phluk, entrée de Siem-reap (*Angkor*), Peam-sema, Pak-preah (d'où une chaloupe fait le service sur *Battambang* et une autre les escales jusqu'à *Mongkol-borei*).

Pour se rendre vers les provinces d'Angkor et de Battambang, le vapeur prend le bras fluvial du *Tonlé-sap*, tour à tour affluent et défluent du Grand lac selon l'époque des hautes ou des basses eaux; les Cambodgiens appellent ce fleuve le *Tonlé Chràp-chheam*.

A la sortie de *Phnom-penh*, les berges du fleuve sont bordées de villages étendus aux habitations perchées sur pilotis et que les toits surélevés des sanctuaires religieux situent de loin. Ces agglomérations, héritages et monastères sont entourés d'arbres variés, de cocotiers, de bananiers que les bateaux vont frôler aux hautes eaux.

Prek-phnu (rive Ouest).

32 k., *Kg.-Luong.* Sur la rive E., la route d'*Angkor*, par Kg.-Thom; et, peu après, sur la rive O., la route d'Udong et de *Battambang.*

A la pointe méridionale d'une île, le vat de *Chruoi-banlai;* dans le S.-O., le site de l'ancienne capitale de *Lovek.* Le vapeur pénètre dans le bras O. du fleuve.

43 k., *Kg.-Tralach* (r. O.), au milieu des bois et à 7 k. 5 de la route de Phnom-penh à Battambang.

68 k., *Kg. Kas-thom* (r. E.), au débouché de deux bras du fleuve.

80 k. Dans l'E., quelques hauteurs. Restes d'un stûpa au *Phnom Chidos.*

87 k., *Peam-chhkok* (r. E.), proche de la réunion de deux bras.

Sur le bras N., débouche le Stu'ng Chimnit que domine le *Phnom Tipi* (vestiges khmèr).

105 k. **Kg.-Chhnang** « marché fluvial des marmites », siège de circonscription résidentielle. Relai fluvial. Village flottant, composé d'habitations sur radeaux se déplaçant suivant la hauteur des eaux, occupé de tout temps par une population de pêcheurs et de nautoniers. Pagode.

Sur la rive opposée, le chemin d'*Angkor*, par Kg.-Thom, parcouru aux basses eaux.

Le fleuve passe dans une dépression, tandis qu'à l'horizon apparaissent les hauteurs qui limitent au S. le bassin hydrographique du Grand Lac.

Ce sont les dernières collines; le paysage devient plat et

monotone, les canaux se multiplient, puis on entre dans le *Veal-phok* « la Plaine de boue ». C'est l'entrée des Lacs.

Le *Veal-phok* s'étend de Pralai Meas à Snok-tru sur 15 k. de long et 7 de large. Aux basses eaux il se transforme en un vaste marécage, parsemé d'îlots, ayant une profondeur de 30 à 60 centimètres. Il communique avec le Petit Lac par le chenal de Snok-tru et par un second, moins profond, celui de Phat-sandai où débouche le Stu'ng Sen.

La rivière *Sen* passe à Kg-Thom, que les chaloupes à petit tonnage peuvent atteindre de la mi-juillet à la fin janvier malgré la petite barre d'O-tasek. En aval du stu'ng et près de Kg. Châmlâng, débouche le *canal royal*, dont le cours très anciennement aménagé va parallèlement à la rive N.-E. du Tonlé-Sap.

Snok-tru, débarcadère sur la rive S. du lac, vis à vis du delta du Stu'ng Sen. Route de 8 k. pour atteindre celle de Phnom-penh.

Le vapeur pénètre dans le *Petit Lac*, dépendance du *Tonlé-sap*, compris entre la passe de *Snok-Tru* et le village fluvial de *Khlâ-chhlang* « du Tigre qui traverse » (d'une rive à l'autre lors d'une saison très sèche?).

Ce bassin, ainsi délimité, a 55 k. de longueur sur 30 de largeur. Sur la rive N., il reçoit les eaux de deux affluents, le Stu'ng Stong et le Stu'ng Chikreng, et sur la rive S., celles de la rivière de Porsat.

Kg.-Luong-des-Lacs, sur la rive S., relié par un chemin à *Anlong-thnol*, sur la route de Phnom-penh.

Kanchor (rive S.), à l'embouchure de la rivière de *Porsat*, relié au siège du khêt par un chemin de 28 k.

Le vapeur prend une direction N. pour se diriger vers les escales de la rive opposée, à travers le *Tonlé-sap* « la grande nappe d'eau douce », par sa partie appelée le *Grand Lac*.

Le Grand Lac s'étend de la pointe de Porsat au village de Meat-pir sur une longueur de 65 k. et une largeur de 33 k.; il reçoit à son extrémité les eaux qui convergent sur le Stu'ng Sang-ke.

TONLE-SAP

Le *Tonlé-sap* est en été une véritable mer intérieure, sujette à des tempêtes, tandis qu'après l'hiver il n'est plus qu'un vaste marécage, rempli de roseaux et sillonné par des chenaux peu profonds. Cette dépression s'étend, du N.-O. vers le S.-E., sur 130 k. de longueur tandis que sa plus grande largeur est de 33 k.

Les quelques rivières qui s'y jettent n'ont pas le débit suffisant pour alimenter une telle excavation, mais le Tonlé-sap a un rôle très spécial, celui que la nature avait donné au lac Mœris (Égypte), de réservoir pour les eaux d'inondation.

Le Mé-khong est grossi, en amont, par des pluies abondantes qui, de la fin de mai à septembre, arrosent le Yun-nan et le Laos. Le fleuve se gonfle bientôt outre mesure; alors, son courant inférieur qui, en saison sèche, coulait vers la mer, voit refouler en juin une partie de sa masse d'eau jaunie; celle-ci s'introduit dans le bras du lac, puis dans le Tonlé-sap. (On remarquera que les eaux de pluies qui tombent normalement sur le pays cambodgien, de septembre à novembre, n'ont qu'une influence minime sur les inondations et ne correspondent du reste pas à la montée régulière du fleuve). Le flot s'étale dans le lac, franchit les savanes herbeuses et arrive jusqu'aux premiers arbres de la forêt claire, tandis que toutes les rivières remplies à plein bords s'y perdent et s'y confondent. Le plan d'eau atteint son maximum entre 8 et 9 mèt. de fond.

La surface des lacs, qui n'était que de 2.000 kil. carrés à l'étiage, couvre alors 9.000 kil. à l'étale de la crue, emmagasinant env. 50 milliards de mètres cubes.

On avait songé capter ce volume énorme d'eau par la construction en aval d'un grand barrage de 60 k. s'appuyant aux hauteurs voisines de Kg.-Chhnang. On aurait pu ainsi créer une réserve liquide destinée à l'irrigation méthodique du pays et assurer une navigation permanente. Mais, par contre, les terres cultivables étant maintenues sous les eaux, il n'y aurait plus de culture de riz; les poissons migrateurs, arrêtés par le barrage, ne viendraient plus peupler le vaste vivier; la pêche par assèchement n'existant plus, les populations lacustres, qui en vivent, seraient ruinées...

Le vapeur longe les berges parmi les touffes verdoyantes que forment les cimes émergées des arbres, puis prend le large. Le lac, gonflé et triplé d'étendue, donne l'illusion d'une mer; à droite et à gauche, il n'y a rien que le ciel et l'eau, l'eau qui a pris une teinte d'émeraude et sur laquelle les rayons du soleil tropical se jouent en scintillements capricieux.

En décembre, le fleuve baissant, le courant se renverse, le Tonlé-sap se vide peu à peu, mais les eaux qui y ont séjourné ont laissé en se retirant une partie de leur richesse : du limon pour assurer la récolte du riz et celle dite des *chom-car*, des poissons capturés en telle quantité qu'ils serviront de base à la nourriture des indigènes tandis que le surplus sera exporté en Extrême-Orient.

Après février, les eaux baissent rapidement et des milliers de barques se livrent à l'industrie de la pêche. Bientôt, les lacs s'assècheront à tel point que les sampan ne les traverseront qu'avec difficulté et même seront traînés sur la vase.

Une des particularités du pays noyé est la culture du « riz flottant », le *sraû lo'ng-tuk*. Cette graminée rustique se sème à la volée; elle germe avant les crues et est assez vigoureuse pour allonger ses tiges avec la montée des eaux, de telle sorte que les épis soient toujours flottants. Lorsque la crue normale prend fin, la plante cesse de pousser pour fleurir et épier. Les riverains montent en pirogues, parcourent les surfaces plantées, saisissent les épis avec une main, frappent de l'autre sur la gerbe et font tomber le grain dans l'embarcation.

Au-delà des terrains cultivables, commence autour du lac la zône des terres pauvres, peu accidentées, couvertes de forêts claires, peuplées de *chho'utcal* (dâu) rabougris, puis s'étend la belle forêt dans laquelle on rencontre des essences précieuses et où vit une faune abondante (tigre, panthère, léopard, sanglier, gaur, buffle, bœufs sauvages, cerfs, daim, etc.).

Dans le voisinage des Lacs, on trouve le caïman, la loutre, la tortue d'eau poule d'eau, la poule sultane, le râle, la sarcelle, le petit canard, la bécassine, le plongeon, le cormoran, etc.

Ce trajet des vapeurs était déjà autrefois l'itinéraire normal de la navigation à voile. Nous en avons pour preuve le récit de voyage par eau de 1296 écrit par un Chinois, Tcheou Ta-kouan.

« De l'embouchure (du Mé-khong), on peut, avec un courant favorable, gagner au Nord, en une quinzaine, un pays appelé *Tch'a-nan* (Kg.-Chhnang) qui est un des gouvernements du Cambodge. A Tch'a-nan, on transborde sur un bateau plus petit, et en dix jours, par courant favorable, en passant par *Pan-lou-ts'ouen* « Village de la mi-route » (Snok-tru) et *Fo-ts'ouen* « Village du

Bouddha » (Porsat) et en traversant la mer d'eau douce (Tonlé-sap), on arrive à *Kan-p'ang*, au Kompong(-Phtul), débarcadère voisin du mont Krom, à 50 *li* (22 k.) de la ville (d'Angkor). »

Cette relation aurait pu être datée de 1880, avant l'emploi de la navigation à vapeur sur le Mé-khong. Kg.-Chhnang est toujours le relai fluvial où les passagers et les marchandises à destination des Lacs, sont transbordées à partir des moyennes eaux sur des bateaux à faible tirant pour la traversée de la « Plaine de boue ». Dans cette partie du Lac, les bateliers suivent encore l'itinéraire de la mission chinoise de 1296 : Snok-tru, Porsat, avant de franchir le Grand Lac. C'est que la navigation est commandée par la direction des chenaux; or ceux-ci sont peu nombreux et ne paraissent pas s'être sensiblement déplacés depuis plus de 600 ans.

On approche de la côte N. :

Kg.-Khleang, débarcadère à l'embouchure du Stu'ng Cham, dont la source est située dans la partie S.-E. des monts Kulên. A 20 k. au N. du Kg., on croise l'ancienne chaussée khmèr.

Kg.-Phluk, à l'entrée du Stu'ng Roluoh, débouché d'un pays rizicole, d'où s'exportent annuellement 50.000 piculs de riz. Le centre de *Roluoh* est à 16 k. au N.

Puis, à l'horizon se détache, de la côte basse et noyée, une colline que les arbustes escaladent jusqu'aux deux tiers, c'est le mont *Krom* dominé par les restes de ses édifices brahmaniques.

Le bateau jette l'ancre, non loin de l'embouchure de la rivière de Siem-reap, vis à vis d'un point appelé *Banteai Kom*, où aboutit un canal approfondi depuis le lac.

Le touriste se rendant à *Angkor* transborde ici, pour accomplir une dernière traversée de la forêt inondée. — A *Kg.-Phlul*, sur la rivière de Siem-reap, commence la route qui, par Phnom Krom et Siem-reap, mène aux sanctuaires respectés et à la capitale sainte. (v. R. 10).

Proche du mouillage, la pêcherie de *Chhung-prapeaai*. Effondrement de pierres sur une digue sablonneuse de 3 à 4 mèt. de large venant du Phnom-Krom. — De la rive S., s'avancent des apports des rivières formant un second banc de sable. Ces obstacles à la navigation ont fait penser à l'existence d'une ancienne digue khmèr pour traverser le Grand Lac, mais il n'en est rien, le courant d'eau de la rivière de Battambang a maintenu une tranchée suffisante entre les deux épis.

Le vapeur prend la passe de *Bangkol-pi* indiqué par un signal et se dirige vers *Meat-pi*, à l'entrée du Stu'ng Sang-ke. Vers le N., le tertre de *Tuol-chei*.

Après 38 k. de navigation dans les méandres de la rivière de Battambang, le vapeur stoppe devant *Peam-sema* vis à vis de la bouche du Stu'ng Sreng.

47 k., *Pak-prea*, au confluent de la rivière de Mongkol-borei.

Des chaloupes à faible tirant d'eau font le service de Pak-prea : 1° à *Battam-bang* dans la S.-E.;

2° à *Mongkol-borei* dans le N.-E.

5. Phnom-penh à Kġ.-Thom

167 k. par la route coloniale, aménagée sur le chemin charretier khmèr.

La route remonte le déversoir des Lacs, en suivant l'itinéraire de Battambang jusqu'à *Kg.-Luong* (27 k.), proche d'U-dong. — Traversée du Tonlé « fleuve » dont la largeur est de 600 mèt.

37 k., Sâmbor, de *Trâbek*.

43 k., le monastère de Chong, de *Tang-krang*.

La route passe à travers un petit groupe de collines. Sur la plus septentrionale de celles-ci, les ruines d'un petit sanctuaire en briques, le *Prasat-Kuk*, ouvert à l'E. Son linteau est orné d'Indra sur Airâvata tricéphale.

58 k., le *Phnom-Batheai* (140 mèt. alt.) constitué par des grès tendres.

62 k., *Pha-ao*, dans une plaine cultivée.

Dans l'E. le chemin de Sô-tup et de *Beng-chrûoi* (13 k.), siège du khêt de Cho'ng-prei.

La route passe au S. et à 2 k. 5 du *Phnom Cho'ng-prei*, couvert de bois de « dâu », et sur lequel sont deux temples khmèr qui peuvent avoir remplacé des sanctuaires plus anciens.

1° Le *Phnom-thom*, temple en latérite avec nef en briques. Linteau décoratif représentant Indra sur l'éléphant tricéphale. Quelques statues bouddhiques ont été recueillies dans les annexes.

2° Sur le second sommet et à 500 mèt. au N., le *Phnom Prah-bat* (107 mèt. alt.). sanctuaire ruiné élevé sur terrasses. Linteau sculpté de Indra debout sur son éléphant et tirant de l'arc. Inscription digraphique de Yaço-varman (IX° s.). Images brahmaniques mutilées par les sectes bouddhiques.

De cette hauteur, vue étendue :

A 10 k. dans le N.-O., les mamelons de la chaînette du *Phnom Trop* et du *Phnom Krâdas*, formés de grès aux couleurs variées et couverts de forêts. On y relève quelques sanctuaires anciens; une inscription de 875. Dans la plaine, des vestiges khmèr, à Sandek, à Kuk Kvet, etc. —

A 2 k. à l'O., sur les pentes de la colline, le Vat de Cho'ng-prei.

74 k. 5, dans l'E. se poursuit la route de Kg.-Cham (49 k.), tandis que la voie de Kg.-Thom se dirige vers le N.

Dans le S., le chemin de *Beng-chruoi* (6k.), à 2 k. du Prek Tasen, navigable aux hautes eaux.

80 k., *Sdo'ng-chei*, siège d'un khum, dans une région rizicole et d'élevage du bétail.

89 k., *Ph. Por.*

A 3 k. S.-E., *Kuk Ampil-tvear*. Trois petits sanctuaires carrés, en briques, alignés N.-S., élevés sur une terrasse commune; ouverts à l'E. Une enceinte avec passage à l'E.

A 8 k. dans l'O., *Kuk Pring-chrom*, au milieu de la forêt clairière. Sanctuaire carré, en briques, ouvert à l'E. Linteau sculpté.

92 k., *Sampong-chei*, siège d'un khum. Vat. Aux hautes eaux, les jonques remontent le Stu'ng Dung-tho et y viennent charger les riz et les produits forestiers.

A 8 k. dans l'E. par sentier, *Bos Prah-non*, sur un petit plateau, comprend deux groupes d'édifices dans une belle forêt : au S., le Kuk-thom, et au N., le Kuk-toch; ce dernier fut une habitation princière.

Kuk-thom est un temple de la bonne époque qui fut très important. Ruines nombreuses enfermées dans deux enceintes avec portes monumentales. Deux inscriptions khmèr de 924.

Le sanctuaire principal est en briques, carré, ouvert à l'E. Il est précédé d'une grande nef et d'une colonnade. Le linteau est orné d'Indra posé sur la tête de l'éléphant. En annexe, de nombreux templions.

Dans le voisinage, vestiges importants d'un barrage khmèr qui permettait l'irrigation de la plaine de *Krauch*.

95 k. Traversée de la dépression du ruisseau de Tu'k Chha qui se déverse dans le Prek Kompong-Sa; limite des khêt de Cho'ng-prei et de Barai.

101 k. Au N. du village de Pong-Ro, *Kuk-Nokor*, temple en limonite orienté à l'E. Pagode voisine.

Enceinte avec deux gopura E. et O., un bâtiment d'habitation au S. — Le sanctuaire, carré, est précédé d'un avant-corps et repose sur une terrasse. Linteau à rinceaux avec une figurine d'Indra dansant sur trois têtes de l'éléphant Airâvata. Bibliothèque au S.-E.

107 k. 5, *Srâlau*. Le Vat bouddhique, entouré de murs rectangulaires, s'élève sur l'emplacement d'un temple brahmanique à trois sanctuaires en briques.

114 k., *Chrâlong*. Le monastère clos par des fossés s'est substitué à un sanctuaire brahmanique.

118 k., *Barai*, siège d'un khêt. Le Vat, limité par un fossé, fut édifié en 1850 par le roi Ang-duong, sur les ruines d'un temple élevé à Çiva (ou à Harihara) en l'an 676.

Stèles de 1821 et de 1851. Cette dernière mentionne les guerres entre Siamois, Khmèr et Annamites de 1833 à 1840.

Chemins 1º sur *Ph. Stu'ng-kâmbot* (21 k. O.), quai sur la rivière du même nom, affluent de g. du Stu'ng Chimnit;
   2º sur le site de *Spu'* (36 k. E.).

127 k., *Kg.-Thma*, sur la rive N. du Stu'ng Chimnit; arrêt de la navigation à vapeur aux hautes eaux et dépôt de bois flottés (nov. et déc.) venant d'amont de la région forestière de Porong.

1º En aval, *Thnot-chum* (7 k. à vol d'oiseau, doublés par les méandres de la rivière) siège d'un khum. Sanctuaire brahmanique, en briques, carré, bien conservé. Fait exceptionnel, il est ouvert au N. Linteau décoré d'une figurine d'Indra assis de face sur le cou d'un éléphant agenouillé.

2º En descendant le cours de la rivière Chimnit, le site préhistorique de *Samrong-sen* (45 k. sans les méandres).

Dans l'O., à 6 et 8 k., trois sanctuaires khmèr sur le versant E. du Phnom Tuk-meas. — Dans l'E. à 8 k., le débarcadère de *Stu'ng-kâmbot.*

3º Kg. Thma à *Spu'* (38 k. S.-E.) et à *Stu'ng-trâng* sur le Mé-khong.

131 k., sur la g., *Thnot-chum*, déjà cité.

135 k., à 500 mèt. au S., *Phum-Prasat.* Vat accoté à un remarquable sanctuaire brahmanique bien conservé.

Ce petit édifice khmèr est haut de 12 mèt., carré, élevé en briques, ouvert à l'E. et repose sur un soubassement mouluré. Linteau décoré de feuillages. Les deux battants de bois de la porte sont intacts; sur les panneaux sont sculptés : sur celui de dr., une déesse qui est l'objet d'attouchements de la part des femmes; sur celui de g., un dieu debout sur un lion. Une inscription en khmèr du VII ou VIII° s.; donation au dieu Çamkaranârâyanha.

Près du Vat de Phum-Prasat, le précieux dépôt de deux glaives sacrés (*Prah-khan*).

Ces reliques brahmaniques du temps passé sont conservées religieusement chez des brahmes, descendants des anciens *guru* d'Angkor chargés de ce dépôt. Ces épées présentent quatre facettes sur lesquelles sont gravés un bœuf, un tigre, un lion, un éléphant, puis une inscription sanscrite et khmèr. Elles sont enfermées dans leur fourreau de bois laqué noir et rouge. Leur longueur est de 81 cent. et leur poids de 2 kilos. Ces glaives sacrés sont respectueusement portés chaque année à la capitale et présentés au souverain.

138 k., *Tang-kasang*, sur la rivière du même nom; siège du khêt de Santuk. Le monastère est construit sur l'emplacement d'un ancien sanctuaire khmèr en briques.

Chemin : à 6 k. S., *Thnot-chum.*

145 k. Au N., chemin de *Chreao* (4 k.), village situé au pied du *Phnom Santuk*, chaînette de hauteurs orientée E.-O., flanquée de quatre sommets, dont le plus élevé à l'O. (215 mèt. d'alt.) est couronnée par un monastère.

151 k. A l'E., le chemin de *Chreao*, longe le pied méridional du Phnom Santuk.

Le *Phnom Santuk* est de formation grèseuse et cette pierre facile à travailler a tenté les divers adeptes des cultes cambodgiens et leurs artistes. Il fut édifié autrefois sur le sommet le plus élevé un sanctuaire brahmanique qui fit place dans la seconde moitié du XV⁰ s. à une pagode bouddhique du rite du « Petit Véhicule »

On monte au sommet du **Phnom Santuk** par un chemin sous bois, facile, qu gravit le versant S. et longe ensuite la ligne de crête. Sur le plateau, de larges blocs de grès ont été ciselés de représentations rituelles du Bouddha, méditant (dans la forêt), enseignant (sa doctrine), entouré de ses disciples, couché (dans la récompense finale du Nirvâna). Cette dernière attitude de l'éternel repos est surtout à remarquer dans trois bas-reliefs longs de 10 mèt. Quelques sculptures brahmaniques, respectées par les bouddhistes, peuvent encore être commentées; parmi celles-ci sont trois registres superposés, desquels on distingue dans le plus élevé un dieu sur un trône céleste porté par les garu*da*, une divinité à bras multiples assise sur un éléphant.

Tout proche, la pyramide (stûpa) orientée, haute de 3 mèt., élevée pour recueillir une relique corporelle du Bouddha apportée de Ceylan (XV⁰ s.).

Un mur de briques anciennes entoure le *vihâra*, dont l'entrée orientale est gardée par des lions. — Devant ce monastère, un *Prah-bat*, image taillée despieds du Bouddha selon celle du Pic Adam (Ceylan). Plus dans l'E., un bassin rectangulaire de 10 mèt. creusé dans le roc.

On jouit sur ce plateau d'une * vue étendue sur les vastes plaines qui se prolongent vers le S.-E. jusqu'au relief du Phnom Tuk-meas.

A 1 k. du hameau de Damnak, *Kah-koh*, monastère dans lequel est conservée une stèle sanscrite et khmèr ruinée du VIII⁰ s.

Vers 1571, une armée lao fut défaite dans les environs. Les descendants d'un groupe de ces prisonniers occupent encore un village du khêt du Barai, situé près de la Salakhêt, enfoui dans un nid de cocotiers et de palmiers.

Au S. de la route, le *Kuk-Roka*, de Prasat Roka, ruine où fut découvert, en 1914, un des édits des hôpitaux du XII⁰ siècle.

Puk-yuk, dans la plaine cultivée. — 162 k. sur la g., le chemin de *Kg. Chhnang* (62 k.), par le khum de Srayau.

167 k., **Kg.-Thom**, sur la rive g. du Stu'ng Sen, siège d'une circonscription résidentielle, et du khêt de Kg.-Svai dirigé par un Oknha-dechu. *Bungalow.*

La circonscription résidentielle de Kg.-Thom a été créée en 1886 et comprend les cinq khêt de Kg. Svai, Santuk, Barai, Stung, Chikreng et l'ancien khêt de Promtep.

6. Kg.-Thom à Angkor

158 k. Route coloniale (N⁰ 1 *bis*) dite « du Nord des Lacs ». C'est l'ancienne chaussée khmèr du IX-X⁰ s., nettoyée de sa végétation multiséculaire, puis restaurée. Elle fut ouverte à la circulation à la fin de 1922.

La chaussée royale était jalonnée par 22 ponts. La nouvelle route a utilisé 10 de ces ponts, dont le plus remarquable le Spean Prapto's; quant aux autres, 9 en ruines ont été démolis, 3 conservés ont nécessité une déviation de la route pour permettre de les apercevoir.

La première voiture automobile engagée sur l'antique voie, alors délabrée, envahie par la brousse, fut celle du duc de Montpensier qui, en mars-avril 1908

DE PHNOM-PENH A UDONG.

ANGKOR-VAT. Vue prise du portique O.

BAYON. Sur la terrasse supérieure.

la conduisit jusqu'à Angkor; mais cette randonnée (par Tay-ninh, Kg.-Cham) fut un tour de force.

Kg.-Thom. Passage du Stu'ng Sen sur un pont de 130 mèt.

Le Stu'ng Sen vient des Dang-rek et se jette dans le Veal Phok. Il arrose les centres de Kg. Trabek, Kg. Chho'teal (près de Sambo), Kg. Svai, Kg. Thom, Entre la mi-juillet et la fin de janvier, le niveau des eaux s'élève d'environ 8 mèt. 20, et les chaloupes chinoises de petit tonnage peuvent assurer régulièrement un service fluvial quotidien jusqu'à Kg.-Thom.

Sur la droite, le chemin du *Phnom Dek* (82 k.) et du site archéologique des *Prei-kuk,* de *Sambo* (VII⁰ s. A. D.) (28 k.).

11 k., passage du Stu'ng Sra-komon venant du pays des Kui; la rivière transporte de nombreux trains de bois pendant la saison des pluies. En aval, on aperçoit souvent des troupeaux de daims.

13 k., *Rosei-chas,* pagode à l'emplacement d'un ancien sanctuaire.

A remarquer, une haute stèle. Sur chaque face, une figurine du Bouddha méditant dans l'ogive, et en bas deux autres représentations, l'une de femme tenant un bouton de lotus, l'autre d'un personnage à quatre bras vêtu d'un sampot court.

21 k., *Senko,* monastère à la bifurcation de la chaussée venant de Sambo avec celle allant à Angkor. Sur l'autel de la pagode, des débris de statues du Bouddha dans ses diverses poses rituelles.

Dans la plaine, à 4 k. au S. O., *Prasat-Andet* « la tour qui surnage » voisine avec un Vat moderne intéressant par ses curieuses peintures murales.

Tour en briques. A l'intérieur, une figure de Harihara de grandeur naturelle, d'une valeur artistique, mais brisée.

Dans l'E. N. E., l'ancienne chaussée royale de *Sambo* Prei-kuk (32 k.). Près de cette voie, le *Vat-Mokung,* à l'emplacement d'anciens prasat.

On arrive bientôt à la série des sanctuaires khmèr du bas Stu'ng Stung, dont les édifices s'élèvent à dr. et à g. de la chaussée ː

Prasat Ampil-rolo'm. Groupe de trois tours alignées N.-S., en briques, carrées, ouvertes à l'E. Le sanctuaire central est presque entier. Inscriptions buchées ou abimées (VII⁰, VIII⁰ et IX⁰ s.) Deux linga cylindriques déposés dans le Vat.

Srei-tul, ancienne pagode où sont conservées de vieilles figurines du Bouddha.

Prasat Banteai-stung, construction massive, en briques, ouverte à l'E. Sur le linteau, Indra sur l'éléphant tricéphale.

Vers le S. ː

Prasat Svai-ierː de trois sanctuaires carrés, en briques, ouverts à l'E., il ne subsiste que l'édifice central.

Vers Angkor, 6.

En aval, quelques édifices ruinés.

47 k., *Kg.-Chen*, sur la rive g. du Stu'ng Stung, Siège du khêt de Stung.

Ce district fut détaché de celui de Kg.-Sval en 1869. Il comprend 25.000 hab. dont 1.700 Chinois.

Pays de chasse. Les chevaux ont une réputation de vitesse et de fond.

Le Stu'ng Stung est navigable pour les petites embarcations en aval jusqu'à Kg.-Chen; en amont, il n'est parcouru que par de rares trains de bois.

A 1 k. 5. à l'E., le *Prasat Siri-sach*, au sanctuaire carré en limonite ruiné.

54 k., passage du Stu'ng Neang-sa-longeach affluent du Stu'ng Stung.

La route laisse vers le S. des plaines et des forêts atteintes par les eaux à l'époque des crues. Chasse : daim, petite outarde, marabout, grue antigone.

72 k., la route fait de l'O. pendant 3 k. 5 pour reprendre sa direction générale S.-E. N.-O.

86 k., *Kg.-Kedey*, sur la rivière de Chikreng. *Bungalow*.

Le **Spean Prapto's** (Spean Práh-pto'h), orienté S.-E. N.-O., coupe le Stu'ng Chikreng venant du N. C'est un des plus remarquables ponts de l'ancien Cambodge.

Ce pont en latérite mesure 64 mèt. 60 de longueur sur 16 de largeur. Son tablier a été renforcé d'une dalle en ciment armé revêtue d'un macadam de latérite, encastré dans deux bordures formant trottoir. Il est constitué par 21 arches, irrégulières de 5 mèt. env. de hauteur de flèche; les berges sont perreyées. A l'entrée du pont, se dressent en éventail deux têtes de nâga polycéphales dont les corps constituent des parapets de 84 mèt. de long. Cette construction est probablement du X° s. A.D comme son temple voisin.

Le Stu'ng Chikreng prend sa source dans la partie N. des Mᵘ Kulên, suit une direction N.-S., passe à Kg. Kedey, et va se perdre dans le Tonlé-Chhma qui se vide dans le Grand Lac.

A peu de distance du pont, le *Prasat Prapto's*.

Ce temple comprend un sanctuaire ruiné et une bibliothèque entourés d'une enceinte interrompue à l'E. par un gopura à plan cruciforme. Deux inscriptions, khmèr (969 A. D.) et sanscrite (X° s. A. D.).

A 12 k. en aval, *Chikreng* (Cakrankap « la ville du Porte disque [de Vishnu] », d'après Aymonier), sur la rivière du même nom, siège d'un khêt de 20.000 hab., dont 1.900 Chinois.

Aux environs, quelques ruines khmèr sur les deux rives du Stu'ng : *Chikreng*, avec une inscription du IX° s ; *Beng*; sanctuaires carrés, en briques, ouverts à l'E.

Après le pont, sur la dr., la piste de *Bêng Mealea* (46 k.) traverse une région de chasse : faisans, éléphants, daims.

Kg.-Slêng, proche du *Spean Bak* (ou *Toch*).

Ce pont long de 20 mèt., large de 7 mèt., a ses piles formées de blocs de latérite. Huit arches, hautes de 4 mèt. Les talus, près des culées, sont revêtus de blocs de latérite mis en gradins.

2 k. au S. du pont, le *Prasat Phung-phang*; tour en briques carrée de 4 mèt. de côté, ouvrant à l'E., ruinée, intéressante par son fronton d'un type unique.

La grande chaussée royale se poursuit dans la direction S.-O. N.-E. au-dessus de la plaine basse.

Le *Spean Chaap*, pont khmèr.

Pont sur le ruisseau O Kul, affluent du Stu'ng Cham.

L'ancien *Spean Dong-keo*, ruiné. Ses matériaux ont été utilisés en partie par les bonzes du *Vat Ksach* voisin qui s'en sont servis pour édifier leur pagode.

Au S., les sanctuaires ruinés de *Rong-ku* et de *Pu-romcheang* (VIe s.).

113 k., passage de l'O Stung, cours supérieur du Stu'ng Cham, dont le lit sert de limite entre les circonscriptions de Kg.-Thom et de Siem-reap (Angkor).

Ce cours fut l'ancienne frontière du Cambodge et du fief de Battambang de 1795 à 1904. — Sur la rive dr., *Run*.

A 1 kil. au N. de la route, *Banteai-Srei*. Sanctuaire unique entouré de deux enceintes. Un mur extérieur de 22 à 25 mèt. de côté avec galeries et gopura; enceinte intérieure.

La tour est en grès, carrée de 4 mèt. 50 de côté, orientée. Les avant-corps ont leurs voûtes renversées; sur une porte, une figure de Çiva dansant.

La chaussée khmèr se poursuit, large de 20 mèt., interrompue par des ponts en latérite.

132 k., rivière de Roluoh. Vers le N., la route du *Phnom Bok.-Roluoh* (Roluos), sur la rivière du même nom, siège du srok (district) de Sutnikom. Son port fluvial est *Kg.-Phluk* (14 k.).

Groupe archéologique de Roluoh

Roluoh est connu par un très intéressant groupe de temples khmèr du IXe s., dont les trois plus remarquables sont situés au N.-O. de l'agglomération.

Ces sanctuaires s'échelonnent du S. au N. : *Bakong*, *Prah-ko* et *Lolei*. L'ancienne chaussée royale, surélevée, sépare ce groupe.

Ces édifices, avec quelques autres, constituent dans l'art khmèr une classe particulière déterminée par le décor d'entrepilastres.

Ces sanctuaires sont en briques, élevés de quatre étages sur un corps principal carré, ouverts à l'E. mais présentant de fausses portes sur les autres faces.

Chaque édifice repose sur un soubassement interrompu par des perrons.

BAKONG

Bakong est un temple çivaïte aux limites étendues (800 mèt. E.-O. sur 700), édifié à la même époque que le monument voisin, le **Praḥ**-kô (vers 880), par Indra-varman I; c'est probablement l'Indreçvara des inscriptions.

Il se compose d'une pyramide centrale (sans prasat), flanquée de huit tours et de sanctuaires secondaires; l'ensemble est ceint de murs et de larges fossés.

La chaussée E., large de 15 mèt., jadis dallée, traverse le

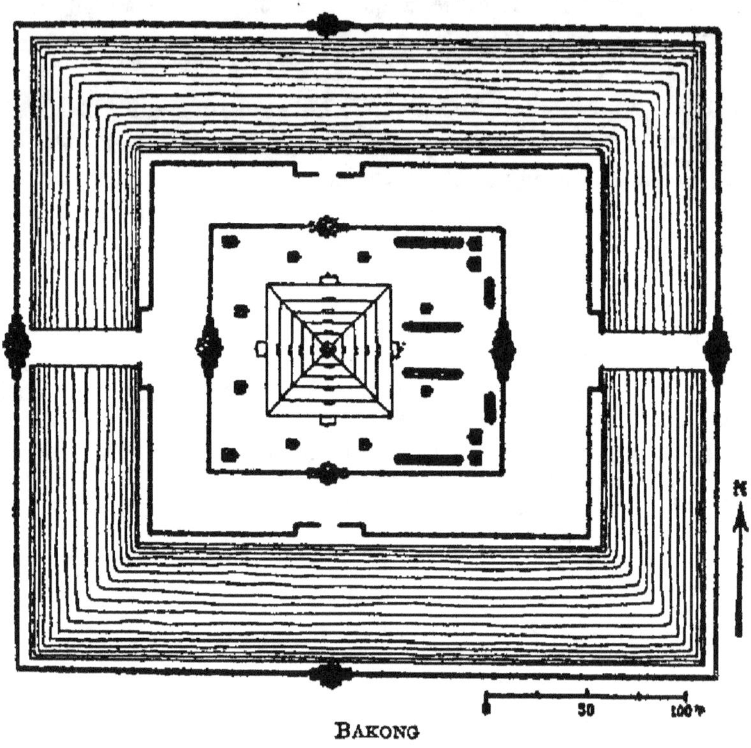

BAKONG

fossé extérieur (30 mèt.), puis laisse en alignement des sanctuaires détruits.

Des gopura E. et O., en latérite et grès, ruinés, surmontent la troisième enceinte. La voie se continue bordée de nâga allongés au ras du sol et relevés aux extrémités, laissant apparaître le grand fossé pourtournant enclos par une seconde enceinte.

L'enceinte intérieure, en latérite, avec gopura aux points cardinaux, enserre des édifices ruinés, puis la pyramide centrale, celle-ci flanquée en contrebas de huit tours en briques placées par deux sur chaque face.

Ces derniers sanctuaires, carrés, ouverts à l'E., sont assez bien conservés, surtout ceux de l'O. Les quatre tours de l'E. sont dédiées à des personnages masculins figurés en stucage dans l'ornementation de leur façade (Dvârapâla armés de tridents). Les tours de l'O. sont dédiées à des personnalités féminines représentées par des Devatâ.

La pyramide centrale, de 60 mèt. de côté à sa base, est constituée par cinq gradins, dont chaque perron perd un degré en s'élevant; un sixième étage paraît représenter le soubassement du sanctuaire disparu (prasat de briques ?); un petit vihâra moderne a remplacé ce dernier.

Quelques lions et éléphants mutilés se dressent encore sur les gradins.

PRAH-KO

Prah-ko (Brah go) « les Bœufs sacrés », au centre du groupe, a ses fossés proches de ceux de Bakong Temple çivaïte aux six images d'Iça et de Devi (IXe s.).

Deux larges fossés pourtournants limitent à distance l'étendue du sanctuaire dont on atteint l'enceinte intérieure par quatre voies cardinales.

L'entrée est marquée sur la face E. du mur rectangulaire (92 mèt. sur 96) par un gopura en latérite.

Le temple est constitué par six prasat disposés sur deux lignes parallèles N. -S. et ouverts à l'E. Les tours antérieures sont mieux conservées, et l'ensemble présente un grand intérêt au point de vue décoratif.

Une inscription donne la date de la fondation du temple : Indra-varman, monté sur le trône en 799 çaka (877 A. D.), consacra les six tours de Prah-ko, deux ans après son avènement, le lundi 10° jour de la lune croissante de Mâgha de l'année 801 çaka (lundi 29 janvier 880 A. D.) et les dédia à ses ancêtres divinisés.

Tours	Sud	Centre	Nord
1er rang (rois)	Prithivindreçvara	Parameçvara	Rudreçvara
2° rang (reines)	Prithivindravi	Dharanindradevi	(Rudradevi?)

Indra-varman I était fils de Prithivindra varman, petit-fils par sa mère de Rudra-varman, celui-ci gendre de Nripatindra varman...

La tour centrale antérieure est plus élevée que ses voisines. Elle a conservé des débris d'une grande statue debout. L'édifice est remarquable par sa décoration et surtout par les motifs d'ornementation des linteaux.

LOLEI

Lolei, temple çivaïte situé à 250 mèt. au N. de la chaussée khmèr, au milieu de rizières qui ont remplacé une vaste pièce d'eau pourtournante. Une pagode moderne a été construite près de l'ancien temple.

Les quatre tours qui constituent le temple sont élevées sur une large terrasse carrée à deux gradins, coupés par un escalier E. L'ensemble représente, selon une inscription, l'île de l'Indratatâka aux quatre statues de Çiva et de son épouse.

Les quatre prasat, carrés, en briques, orientés à l'E. et placés sur deux lignes sont semblables, mais celui du N.-E. est le mieux conservé.

Le corps principal repose sur un soubassement de briques interrompu au droit des portes dont l'encadrement est monolithique.

Les tours s'élèvent en dômes à cinq gradins et les voûtes sont en encorbellement.

Les façades en briques ont conservé peu de décors d'enduit, mais on remarquera les sculptures sur grès des niches.

Ces niches abritent dans les tours antérieures des personnages masculins, vêtus d'un sampot court, ayant comme attribut un trident une lance ou un sceptre; dans les prasat postérieurs des figures féminines vêtues de sarong plissés dont une devatâ ayant en main un chasse-mouche à long manche (tour N.-O.), ou des fleurs (tour S.-O.).

Yaço-varman, fils d'Indra-varman I, roi en 889 A. D., dédia le 12 juillet 893 les quatre tours de Lolei à ses père et mère et à ses grands parents maternels :

	Sud	Nord
1er rang (rois)	Mahipatiçvara	Indravarmeçvara
2e rang (reines)	Rajendradevi	Indradevi

148 k., **Siem-reap**, centre administratif et siège de khêt, sur la rive dr. du Stu'ng Siem-reap aux rives bordées de norias pour l'irrigation des rizières. Cette agglomération est à la limite des fortes crues du lac, au milieu de jardins, de plantations d'arêquiers, d'orangers, de bétels grimpants. *Hôtel.*

Siem-reap « Siamois vaincus » peut avoir pour origine une défaite ancienne éprouvée par les envahisseurs. Ce centre fluvial fut à l'époque brillante de l'empire khmèr le port et l'entrepôt de la grande capitale.

Au N. et au S. des restes de temples, dont *Prah-Enkosei*, sur la rive g. De celui-ci il ne subsiste que deux sanctuaires en briques, carrés, ouverts à l'E.; quelques sculptures. Vihâra où l'on fabrique des statues pour le culte bouddhique.

On rejoint la route du Grand Lac (Phnom-Krom, à 10 k. 5 au S.) à Angkor-Thom (v. R. 10).

153 k. 5. *Angkor-Vat* (v. R. 7).

158 k. Le *Bayon d'Angkor-Thom* (v. R. 8).

PARC D'ANGKOR

On désigne sous le nom de *Parc d'Angkor* une partie de la vallée de la rivière de Siem-reap où surgit un ensemble remarquable d'édifices khmèr dont la valeur archéologique est une des causes du mouvement touristique de l'Indochine méridionale.

L'aménagement de l'immense forêt, autrefois si difficile à pénétrer, a commencé en 1908. Il a délimité et embelli le parc, donné des vues plus amples et agréables sur les monuments, facilité les approches et la visite des édifices.

Nous diviserons l'excursion du Parc en 4 sections : *a*) *Angkor Vat* (R.7); — *b*) *Angkor Thom* (R8); —*c*) *les Environs*, en deux circuits (R.9); —*d*) *Angkor-Thom au Grand Lac*.

VISITE DES MONUMENTS.

Pour les excursionnistes pressés, la visite des édifices du groupe d'Angkor comprend un double circuit :

Le premier (*Circuit S.-O.*) part de l'hôtel et dessert *Angkor Vat*, le Phnom Bakheng, le Prasat Baksei Chamkreng, *Angkor Thom* et tous ses édifices (*Bayon*, la Place centrale, la Ville réservée avec le Baphuon, Phimeanakas et les Terrasses, avenue de la Victoire), Chau-say Tevada, Thom Manom, le Speau Thma, Tà Keo, Tà Prohm, Banteai Kedei, le Srah Srang, Bàt Chum et le Prasat Kravanh;

Le second (*Circuit N.-O.*) se détache du premier à *Angkor Thom*, sur la Place centrale, et suit l'Avenue du Nord (les Terrasses, Tep Pranam et Prah Palilai, Prah Pithu); il donne accès au Prah Khan, Banteai Prei, Neak Pean, Tà Sòm, Mebon oriental, Prè Rup, et vient rejoindre le petit circuit au Srah Srang.

7. Angkor-Vat

Angkor-Vat est parmi les monuments de l'art khmer l'un des plus imposants et des mieux conservés. Il est aussi le plus accessible et le plus visité des édifices majestueux élevés aux divinités hindoues par les souverains de l'ancien Cambodge.

Tous les voyageurs sont frappés de surprise et d'étonnement à la vue de ce « prodigieux amas de grès sculpté escaladant le ciel » (P. Loti), surgissant en pleine forêt, envahi lui-même autrefois par la végétation.

H. Mouhot, découvrant le monument en 1858, s'exprime ainsi :

« Peut-on s'imaginer tout ce que l'architectural a peut-être jamais édifié de plus beau, transporté dans la profondeur de ces forêts, dans un des pays les plus reculés du monde, sauvage, inconnu, désert, où les traces des animaux sauvages ont effacé celles de l'homme, où ne retentissent guère que le rugissement des tigres, le cri rauque des éléphants et le brame des cerfs. Nous mîmes une journée entière à parcourir ces lieux, et nous marchions de merveille, en merveille dans un état d'extase toujours croissant. Ah ! que n'ai-je été doué de la plume d'un Chateaubriand ou d'un Lamartine, ou du pinceau d'un Claude Lorrain, pour faire connaître aux amis des arts combien sont belles et grandioses ces ruines peut-être incomparables !

« A mesure que l'on approche, on éprouve une admiration et un plaisir plus profonds. Ce sont tout d'abord de belles et hautes colonnes carrées, tout d'une seule pièce; des portiques, des chapiteaux, des toits arrondis en coupoles; le tout construit en gros blocs admirablemnt polis, taillés et sculptés. A la vue de ce temple, l'esprit se sent écrasé, l'imagination surpassée; on regarde, on admire, et, saisi de respect, on reste silencieux; car où trouver des paroles pour louer une œuvre architecturale qui n'a peut-être jamais eu son équivalent sur le globe. L'or, les couleurs ont presque totalement disparu de l'édifice, il est vrai; il n'y reste que des pierres; mais que ces pierres parlent éloquemment! Comme elles proclament haut le génie, la force et la patience, le talent, la richesse et la puissance des Kmerdôm, ou Cambodgiens d'autrefois! Qui nous dira le nom de ce Michel-Ange de l'Orient qui a conçu une pareille œuvre, en a coordonné toutes les parties avec l'art le plus admirable, en a surveillé l'exécution de la base au faîte, harmonisant l'infini et la variété des détails avec la grandeur de l'ensemble et qui, non content encore, a semblé chercher partout des difficultés pour avoir la gloire de les surmonter et de confondre l'entendement des générations à venir! Par quelle force mécanique a-t-il soulevé ce nombre prodigieux de blocs énormes, jusqu'aux parties les plus élevées de l'édifice, après les avoir tirés de montagnes éloignées, les avoir polis et sculptés?

« Lorsqu'au soleil couchant mon ami (le P. Sylvestre, missionnaire à Battambang) et moi, nous parcourions lentement la superbe chaussée qui joint la colonnade au temple, ou qu'assis en face du superbe monument principal, nous considérions, sans nous lasser jamais ni de les voir ni d'en parler, ces glorieux restes d'une civilisation qui n'est plus, nous éprouvions au plus haut degré cette sorte de vénération, de saint respect que l'on ressent auprès des hommes de grand génie ou en présence de leurs créations. »

Après cinq siècles d'éloignement, la cour cambodgienne reparut dans cet admirable site religieux.

Le 29 septembre 1909, S. M. Sisovat, samdech du Cambodge, vint en grande pompe offrir un sacrifice aux mânes des anciens rois d'Angkor et recevoir la prestation du serment des populations cambodgiennes des provinces recouvrées. « S. M. assise sous un des portiques de la galerie en croix, entourée de ses principaux dignitaires, a fait à la dignité offrande de cadeaux et de mets que présentaient le corps des choreutes royales. Les danses solennelles du rite brahmanique dans ce cadre admirable, où ne détonnait aucune fausse note, ont pris plus d'allure encore de l'heure tardive de la cérémonie, car des torches éclairaient étrangement cette scène splendide, vision merveilleuse des solenninités d'antau». Le gouverneur général (M. Klobukowski), les notabilités françaises assistèrent à ces fêtes grandioses.

Depuis, pour commémorer des circonstances exceptionnelles, d'autres visites royales se sont renouvelées dans la magnificence habituelle.

ANGKOR-VAT est un temple brahmanique, élevé à Vishnu, clos par une vaste enceinte.

L'*enceinte* comprend un fossé rempli d'eau, large de 190 mètres, paramenté de blocs de latérite et de grès disposés en gradins, et dont le bord extérieur a un développement de 5.500 mètres, En arrière, une berme large de 30 mèt. court autour du grand mur rectangulaire de défense. Celui-ci est interrompu par quatre portiques cardinaux et mesure 820 mèt. sur les faces O. et E., et 1040 mèt. environ sur celles N. et S.

L'*entrée principale* est celle de l'Ouest où s'élève le grand portique, vaste édifice de 235 mèt. de longueur, auquel on accède par une chaussée interrompant le fossé et une terrasse extérieure ornée de nâga.

Un large escalier mène au gopura central, flanqué de deux

plus petits; deux baies aux extrémités donnent passage aux éléphants.

Cet édifice O. est à lui seul un monument. Dans les galeries, les murs sont décorés de nombreuses sculptures et, dans la partie méridionale, une statue de Vishnu « génie grand roi », taillée dans un seul bloc de grès, mesure 3 mèt. 25 de hauteur; cette représentation brahmanique est, encore de nos jours, l'objet d'un culte de la part des Cambodgiens et des Chinois.

On remarquera quelques beaux linteaux très finement sculptés.

Nous ne nous attarderons pas plus longuement sur les porteries cardinales dont trois sont sans ponts et inachevées. Celle de l'E., a 315 mèt. de longueur; celle du N. 257 mèt. et également celle du S. De chacune d'elles partent, des avenues bordées par la forêt et menant au sanctuaire.

Dès qu'on a franchi les portes centrales du grand portique O., on aperçoit dans son ensemble le vaste monument ainsi que les élégants bâtiments qui flanquent la grande chaussée.

Cette avenue O, en remblai, à 1 m. 50 au-dessus du parc, est longue de 475 mèt., large de 9 mèt. 50 et dallée de blocs de grès; une balustrade, représentant le corps du nâga à sept têtes, borde l'avenue sur tout sa longueur; elle est interrompue de chaque côté par des escaliers.

Aux deux tiers du parcours, au N. et au S., deux gracieux édicules (chapelles ou pavillons de réception?) avec une salle cruciforme et, à l'extrémité, la terrasse qui porte la masse imposante du grand temple.

Aux regards des visiteurs qui s'avancent par les longues allées, cet édifice majestueux dans son ensemble, ne se présente pas au complet; ses galeries centrales restent cachées. C'est que, à l'exemple des sanctuaires de l'Inde méridionale aux enceintes multiples réservées aux diverses castes de la société, le constructeur d'Angkor-Vat a rappelé ces sectionnements par des galeries étagées. De plus, ce massif central aux cinq tours, aux degrés difficiles à gravir, symbolise surtout une image. Nous sommes en présence du *Méru*, au cinq pics, montagne mythique, soutien du ciel et du paradis d'Indra qu'on atteint avec peine.

Les cérémonies à la divinité se faisaient au sanctuaire par les brahmes — chapelains, aidés des choreutes porteuses des offrandes; le souverain était présent avec sa cour, tandis que le peuple se répandait dans le parc, que les troupes faisaient la haie autour du temple et que les mandarins, selon leur rang, occupaient les premières galeries.

Angkor-Vat « Angkor la Pagode » fut à l'origine un temple consacré à Vishnu, dont le culte était ici associé à celui de Paramavishnuloka « Le [roi] suprême [qui est allé] au monde de Vishnu », forme divine d'un souverain khmer défunt.

L'élaboration d'un plan aussi vaste et l'édification d'une telle masse de pierre durent demander de nombreuses années et un effort d'une continuité constante Ses ouvriers furent les prisonniers de guerre, (cham et thai) renforcés par des levées régulières de sujets cambodgiens; puis, d'habiles sculpteurs spécialisés parèrent ses murs de bas-reliefs avec autant d'art et de conscience que les artistes en mettent pour couvrir un canevas, et rendre en une tapisserie un sujet religieux ou historique.

L'époque précise de la construction d'Angkor-Vat n'est pas déterminée parce que certaines inscriptions qui auraient aidé à dater le monument ont été trouvées endommagées.

Le style architectural apparait postérieur aux grands édifices des IX-X⁰ siècles, et certains auteurs avaient cru pouvoir attribuer la construction du temple au pandit Divâkara, qui vivait sous le règne de Surya-varman II.

M. Cœdès (1920) a pu déterminer l'époque de l'exécution des bas-reliefs en identifiant un des dignitaires de la suite de Paramavishnuloka (galerie S.), Çri Virendrâdhipati-varman, avec une inscription de 1108 A. D. à Phimai, (E. de Korat). Angkor-Vat parait donc avoir été terminé dans la première moitié du XII⁰ s. Tcheou Ta-kouan, de l'ambassade sino-mongole de 1296 mentionne ce monument comme étant la tombe de Lou Pan(?)

Le TEMPLE représente une pyramide rectangulaire à trois étages servant de piédestal au pràsàt central qui abrite le sanctuaire principal (1). Il repose sur une couche de latérite que recouvrent des blocs de grès; le tout sans mortier, ni ciment.

Une *esplanade* de 40.000 mq. sert de base au monument; elle est encadrée par une balustrade de nâga.

Plusieurs escaliers montent à la *Terrasse* de pourtour, surélevée de deux mèt.; sa plateforme large de 80 mèt. sur la face O., (39 mèt. sur les autres) est entourée d'une balustrade.

1ᵉʳ *étage.* — Un escalier d'honneur à triple bras mène au premier étage dont le soubassement, mouluré, est élevé de 4 mèt. au-dessus de la terrasse. Sur chaque face, des portiques donnent accès aux galeries cloîtrées du premier étage, dont

---

(1). Les dimensions des façades du 1ᵉʳ étage d'*Angkor-Vat* sont de 805 mèt., mais si l'on calcule le développement du temple à la base de ses terrasses, le monument khmèr présente un pourtour plus considérable que celui des façades du château de *Versailles* (950 mèt.). On sait que ce palais fut agrandi par Louis XIV de 1661 à 1710 et que ses constructions, élevées à différentes époques, manquent d'unité de style. Angkor-Vat, plus ancien de cinq siècles et demi, est au contraire d'un style homogène. Comme point de comparaison, *Borobudur*, de Java, a un développement de 444 mèt. et le mausolée a 35 mèt. d'élévation.

les dimensions sont de 215 mèt. de l'E. à l'O., et de 187 mèt. du N. au S.; leurs plafonds de bois, formés de caissons sculptés et peints, ont disparu et laissent à nu les voûtes en ogive, construites par joints horizontaux; aux murs, se déroulent dans huit galeries, des bas-reliefs remarquables s'étendant sur plus de huit cents mètres de développement et presqu'uniques dans leur genre, puisque seuls le Bayon (d'Angkor-Thom) et Banteai Chhmar bénéficient de cette décoration. (Lire plus loin l'explication de ces sculptures.)

2° *étage*. — Une seconde enceinte, surélevée de 8 mèt., est en retrait sur la première; on y accède par 14 escaliers dont 3 sous des passages voûtés. Ici encore une galerie se présente sur chaque face. D'autres, disposées en croix et entourées de cloîtres, donnent sur quatre petites cours.

Aux angles S.-O. et N.-O. de ce terre-plein, deux petits édi-cules aux formes élégantes connus sous le nom de « biblio-thèques », le *pustakâcramah* de l'inscription Pràsàt Khnà.

3° *étage*. — Les murs de soutènement de la troisième enceinte dressent trois assises successives à 13 mèt. au-dessus de l'étage précédent Sur chaque face, trois grands escaliers d'une qua-rantaine de marches sculptées y aboutissent; mais les degrés étroits et hauts et à plan très incliné, provoquent parfois le vertige; l'escalier au centre mène à un péristyle et à une porte monumentale, ceux des extrémités aux grandes tours d'angle. Cette dernière terrasse est le Bàkan. Là, le touriste est récom-pensé des fatigues de l'ascension, car l'œil embrasse de tous côtés un merveilleux panorama s'étendant jusqu'aux contre-forts du Phnom Kulen, la forêt, les étangs sacrés, les édifices cultuels voisins, les habitations des bonzes bouddhiques. La galerie forme un carré de 60 mèt. de côté et quatre tours reposent sur les angles. D'autres galeries se coupent en croix sur le centre, où se dresse la grande tour haute de 34 mèt. et dominant la plaine de 60 mèt. C'est ce pràsàt qui recouvre le sanctuaire principal, le saint des saints où s'abritait l'âme sub-tile du souverain défunt dans l'image du dieu, Vishnu (1).

---

(1). Les bouddhistes ont occupé plus tard ce sanctuaire, déménagé les scul-ptures brahmaniques et placé une énorme statue du Bouddha assisté de deux disciples qui lui rendent hommage.

Sculptures du premier étage

Les murs de la première galerie sont burinés de bas-reliefs racontant les exploits de Vishnu (Krishna, ou Vishnu Caturbhuja), dont le culte fut préféré ici à celui de Çiva. Les scènes y sont supérieurement représentées et constituent de précieux documents iconographiques; l'artiste qui dirigea les dessins devait être versé dans la littérature religieuse de l'Inde, connaître les épisodes principaux du Mahâbhârata, du Bhâgavatapurâna, du Harivamça et mieux encore le poème épique le Râmâyana composé par Vâlmîki.

En dehors des grands bas-reliefs, il existe encore de nombreuses scènes légendaires sculptées sur les linteaux, les frontons, les écoinçons, les piedroits et les bases des pilastres, mais nous ne pouvons ici que nous arrêter devant les sculptures principales.

Le début des scènes étant toujours à gauche, on marchera dans les galeries en gardant les représentations à sa gauche.

Nous commencerons la visite des sculptures par la galerie orientale, partie Sud, en passant par le cloître méridional ou « galerie historique » que nous décrirons plus loin.

En tenant compte des sculptures des deux pavillons extérieurs, le nombre des bas-reliefs est de trente-deux. M. Cœdès (B. C. A. I. de 1911) a donné l'explication de trente scènes et les classe ainsi : « La bataille de Mahâbhârata, avec Arjuna et Krishna au premier rang des combattants. — Onze épisodes du Râmâyana; l'épreuve de l'arc, la mort de Virâdha, Râma poursuivant Mârîca, la mort de Kabandha, l'alliance de Râma avec Sugriva, le duel entre Valin et Sugrîva, l'entrevue d'Hanumat et de Sîtâ à Lankâ, l'alliance de Râma sur le char Pushpaka. — Cinq épisodes de la légende de Krishna : les deux *Arjuna* renversés, le Govardhana soulevé, la lutte avec l'armée de Naraka, la conquête de Maniparvata, la lutte avec Bâna. — Quatre autres scènes tirées de légendes classiques, et plus spécialement vishnouïtes : le sommeil de Vishnu, deux représentations du barattement, le combat des Deva et des Asura. — Quatre tableaux incomplètement identifiés où Vishnu joue le principal rôle. — Trois scènes consacrées à Çiva : Kâma (dieu de l'amour) réduit en cendres, Râvana écrasé, et une scène non reconnue. — La représentation des cieux et des enfers. — La revue de Paramavishnuloka.

Aussi peut-on dire que, dans leur ensemble, les bas-reliefs d'Angkor-Vat racontent les exploits de Vishnu. Les deux scènes çivaïtes identifiées peuvent même être rattachées à la légende de Vishnu : on sait d'une part que Kâma, après sa mort, renaquit sous la forme de Pradyumna, fils de Krishna et de Rukminî; d'autre part, la mésaventure de Râvana ne se trouve racontée que dans le Râmâyana, et le Râkshasa est un des plus redoutables adversaires de Vishnu. Enfin, le fait que les inscriptions des enfers mentionnent plus spécialement des crimes contre la religion çivaïte, ne saurait être invoqué contre le caractère exclusivement vishnouïte de la galerie des bas-reliefs : les inscriptions peuvent être un peu postérieures à la construction du temple, et l'ordre

ANGKOR-VAT

Porte d'entrée dans la seconde enceinte.

ANGKOR-THOM
Bas-relief de la Terrasse des Éléphants.

religieux était au Cambodge, nettement çivaïte, le culte de Vishnu paraissant
plutôt avoir été une affaire de mode ».

Galerie orientale Partie Sud.

« Le Barattement de l'Océan de lait » par 88 Deva (dieux) portant le *mukuta* conique et par 92 Asura (démons) coiffés d'une
sorte de casque à cimier.

L'action a lieu avant la scène du barattement proprement dit : le serpent,
Vâsuki, qui reposait au fond de l'eau, est enlevé; les Asura saisissent la tête
et les Deva la queue.

Au milieu de la mer, le mont Mandara repose sur la tortue (Vishnu, représenté une seconde fois sous la forme de Caturbhuja brandissant le glaive).
Les dieux en tirant alternativement sur le serpent, vont imprimer à la montagne un mouvement de rotation et produire l'ambroisie (amrita), breuvage
donnant l'immortalité et que les deux partis de baratteurs se disputeront
—Au sommet du Mandara, Indra, ou Nâràyana (Brahmâ Caturbhuja).

Partie Nord.

« Vishnu culbute l'armée des Dânava ».

Vishnu Caturbhuja monté sur Garuda (aigle à corps d'homme, ennemi des
serpents (nâga) tient tête aux Dânava dont quatre de leurs chefs sont terras-
sés : Muru, Nisunda, Hayagriva et Pancanada.

Une inscription (du XII⁰ siècle; le millésime de l'ère çaka
a disparu) dit : « Maha-vishnuloka n'ayant pas achevé ces
deux (galeries), S. M. le roi Onkâra-varman Râjâdhirâja
Râmadhipati-varman ordonna au Vrah Mahidhara, artiste du
roi, de refaire (les galeries).

Galerie septentrionale. Partie Est.

« Légende de l'asura Bàna ».

Krishna arrive devant Çonitapura où réside Bâna, le ravisseur d'Aniruddha.
Il est arrêté par une muraille de feu qu'éteint Garuda. Bâna est vaincu, mais
sur l'intervention de Çiva, Krishna laisse la vie sauve à son prisonnier.

Partie Ouest.

« Combat des Deva et des Daitya » terminé par le duel de
Vishnu et de Kâlanemi (*Harivamça*, XLIX sq.). Tous les dieux
suprêmes du Panthéon brahmanique sont représentés, avec
leurs attributs classiques et sur leurs montures traditionnelles.

Kubera (dieu de la richesse) sur les épaules d'un Yaksha; Skanda (dieu de
la guerre), aux six visages, porté par un paon; Indra (souverain du ciel) debout
sur Airàvana aux quatre défenses. Vishnu Caturbhuja, aux quatre bras monté
sur Garuda, Yama (dieu de la justice et de la mort) sur un char attelé de bœufs,
Çiva reconnaissable à son chignon, Brahmâ sur l'oiseau hamsa, Sûrya et son
disque mandala?, Vàruna porté par un nâga.

Galerie occidentale. Partie Nord.

Episodes du *Râmâyana* :
La bataille de Lankâ (Ceylan) entre les armées de Râma et
de Râvana, représentées par les singes et les Râkshasa (démons)
reconnaissables à leurs casques à cimier; défaite de Mahodara,
chef de ces derniers; duel entre le singe Angada et Vajradams-
hira, puis le grand Râkshasa Naràntaka monté sur son char.
Au centre, Râma (incarnation héroïque de Vishnu), assisté de
Lakshmana, de Vibhishana et de l'armée des singes; debout sur
Hanumant, le fils du dieu des Vents lutte contre Râvana le
ravisseur de son épouse Sîtâ.

Partie Sud.

Scène de combat inspirée par quatre chants du Mahà-
bhârata, entre les Pàndava et les Kaurava.

Bhîshma étendu sur un lit de flèches; Drona avec le classique chignon des
brâhmanes. Au milieu des Pàndava, Arjuna a, sur le timon de son char, un écu-
yer à quatre bras (Krishna).

Galerie méridionale. Partie Ouest.

Ici se profile la « galerie historique »; le bas-relief reproduit
un fait de l'histoire khmèr.

On croit y voir une promenade de reines et de princesses et une audience
royale sur une montagne, puis un long défilé (28 inscriptions). Une inscription
dit : « S. M. le roi Paramavishnuloka (nom de temple) au moment où il réside
sur le mont Çivapâda pour faire descendre l'armée ».

La présence de deux ordres religieux, du feu sacré, l'aspect divin de ce roi
trônant sur une montagne marquent bien une scène rituelle ou historique que
nous ne sommes pas en mesure d'expliquer et que les Cambodgiens dénomment
simplement « procession de Pràh Kêt Màlà ».

Partie Est.

C'est la galerie « des cieux et des enfers » (36 inscriptions).
Elle est consacrée au jugement des morts par Yama, assisté de
Dharma et de Citragupta; elle se poursuit par la représentation
de 37 cieux et de 32 enfers.

On verra encore :

Deux pavillons d'angle, intéressants par les scènes légendaires tirées du Râmâyana et sculptées sur les linteaux et sur
les murs intérieurs.

Pavillon Nord-Ouest.

Parmi les épisodes du Râmâyana :

L'épreuve de l'arc à la cour de Janaka, ou bien le Svayamvara de Draupadî.
— L'entretien de Sîtâ avec Hanuma dans le bosquet d'açoka : Sîtâ est prison-

nière au milieu des Râkshasî, en arrière de la captive « la vertueuse Saramâ ». — L'ordalie de Sîtâ; scène supposée par la présence du bûcher qui occupe le centre du panneau en assez mauvais état. — Râma sur le char Pushpaka porté par une rangée de hamsa; le véhicule servit à transporter Râma (incarnation de Vishnu) dans Ayodhyâ après sa victoire sur Ravana, roi des Râkshasî. — Krishna, accompagné de son armée et de serviteurs portant les trésors ravis à Asura vaincu, ramène le Maniparvata reconquis après sa victoire sur Naraka. — Le Sommeil de Vishnu; Vishnu dort, dans la position traditionnelle, les pieds dans le giron de son épouse.

Sur les linteaux, des épisodes de l'*Aranyakânda* : mort de Kabandha; Virâdha enlevant Sîtâ; alliance de Râma et de Sugrîva; Râma accueillant Vibhîshana.

Pavillon Sud-Ouest.

Duel entre Sugrîva et Vâlin et mort de ce dernier; c'est un épisode du *Kishkindhâkânda*. — Krishna soulève le mont Govardhana pour abriter les bergers de l'orage déchaîné par le courroux d'Indra; attitude craintive des pasteurs et de leurs troupeaux.

Scènes vishnouîtes : Vishnu sur le nâga, adoré par les 9 Deva. Le barattement de l'Océan de lait, figuré différemment dans la galerie orientale du grand temple. Râvana, sous la forme d'un caméléon, s'introduit dans le gynécée d'Indra.

Scènes çivaîtes : Kâma réduit en cendres par l'œil (le feu) de Çiva; sa tête repose dans le giron de sa mère Rati. — Râvana secoue la montagne où sont assis Çiva et Pârvatî.

Inscriptions.

Dans les galeries, on a relevé et traduit les diverses inscriptions burinées sur la pierre. La plupart sont du XII⁰ s. et donnent quelques indications sur la construction et sur les sculptures. Quelques-unes sont modernes (1563 à 1698) et une dernière de 1702, est plus importante; celles-ci ne se rapportent pas à l'édifice; ce sont des invocations bouddhiques, en pali ou en khmèr, de supérieurs religieux et de hauts mandarins.

Angkor-Vat à Angkor-Thom.

Du Portique Ouest d'Angkor-Vat à la porte Sud d'Angkor-Thom, 1.700 mèt; et au Bàyon 3.300 mèt.

Dans cette partie du Parc d'Angkor, on a découvert dans la brousse épaisse divers sanctuaires et édicules.

Parmi ceux-ci : Ta Prohm Kel, à l'O. d'Angkor-Vat; puis, au N. et proche de la route, Phnom Bakheng, et Baksei Chan-krong.

8. Angkor-Thom

Ce site étendu, ancienne capitale khmèr (IX° au XV° s.), resta livré à l'abandon pendant cinq siècles. Ses monuments étaient envahis par la végétation lorsqu'en 1908 le Service archéologique de l'Ecole d'Extrême-Orient fut chargé, par le Gouvernement de l'Indochine, de la conservation de ses édifices médiévaux.

La route, venant de Siem-reap, pénètre dans la Capitale par la *porte du S.*

La chaussée, qui précède cet édifice, franchit le fossé d'enceinte, mais des actes de vandalisme lui ont fait perdre ses rampes de nâga et de géants.

Les cinq *entrées* d'Angkor-Thom sont semblables. Ce sont des portes majestueuses et élégantes, soignées dans leur ornementation, construites en grès et hautes de 20 mèt.

Ces édifices sont dominés par quatre visages géants, couronnés de la tiare conique. Les soubassements sont moulurés, et dans les angles des pieds-droits apparaissent des corps d'éléphants tricéphales dont les trompes recourbées tiennent des touffes de lotus.

Le porche S. à 3 mèt. 50 d'ouverture sur 7 mèt. de haut et 13 mèt. de longueur. Dans son milieu, des escaliers donnent accès à des salles de garde.

Le mur d'enceinte du « Nagara » se poursuit, élevé en latérite et crêté de grès. De tout côté, c'est la forêt.

ANGKOR-THOM

Angkor-Thom « la grande Ville » (Nagar dham) est le nom populaire de l'ancienne capitale (*puri*), *Yaçodharapura*, où Yaço-varman établit sa cour, vers l'an 890, dans le voisinage des temples de Pra*h*-khan et de Bakong édifiés par ses prédécesseurs. Le site resta pendant cinq siècles et demi la résidence de la plupart des souverains khmèrs; sa décadence est attribuée aux invasions thai.

Tcheou Ta-kouan, qui séjourna à Angkor en 1296, a laissé un « *Mémoire sur les coutumes du Cambodge* »; cet écrit a été traduit par M. *P. Pelliot :*

« La muraille de la ville d'Angkor a environ 20 *li* de tour. Elle a cinq portes, chacune flanquée de... portes latérales... En dehors de la muraille est un grand fossé; en dehors du fossé, des chaussées d'accès avec de grands ponts. Des deux côtés des ponts, il a cinquante-quatre génies de pierre (de chaque côté, soit en tout cent huit, chiffre saint) semblables à des généraux de pierre, gigantesques et terribles. Les cinq portes sont identiques. Les parapets des ponts sont en pierre, taillés en forme de serpents à neuf têtes... Sur les portes de la muraille, il y a cinq têtes de Bouddha en pierre, le visage tourné vers l'Ouest; au milieu, il en est une ornée d'or. Des deux côtés des portes sont sculptés des éléphants de pierre. La muraille est entièrement faite de blocs de pierre superposés, haute d'environ deux *tchang*. Les pierres sont très soigneusement et solidement jointes, et il n'y pousse pas d'herbes folles. Il n'y a pas de créneaux. Sur le rempart, on a, en certains endroits, semé des *kouang-lang* (caryota ochlandra). De distance en distance, il y a des maisonnettes vides. Le côté intérieur du rempart est comme une rampe de plus de dix *tchang*, au haut de laquelle il y a de grandes portes, fermées la nuit, ouvertes au matin. Il y a des gardiens aux portes que seuls les chiens n'ont pas le droit de franchir. La muraille est un carré régulier, aux quatre angles duquel sont élevés quatre tours de pierre. Les criminels qui ont eu les orteils coupés ne peuvent non plus franchir les portes. Marquant le centre du *nagara*, il y a une tour d'or (Bâyon), flanquée de plus de vingt (51) tours de pierre et de centaines de cellules de pierre. Du côté de l'Est, sont un pont d'or, deux lions d'or placés de chaque côté du pont, et huit Bouddha d'or placés au bas des chambres de pierre. A un *li* environ au Nord de la tour d'or, il y a une tour de cuivre (Bapuon) encore plus haute que la tour d'or et dont la vue est réellement impressionnante. Au pied, il y a plus de dix maisonnettes de pierre. Encore un *li* plus au Nord, c'est l'habitation du roi. Dans les appartements de repos du souverain, il y a encore une tour d'or (Phimeanakas.)

« Le palais, les demeures officielles et les maisons nobles sont tous orientés vers l'Est... Les tuiles des appartements privés sont en plomb; celles des autres bâtiments sont en terre et jaunes. Les piles du pont sont énormes; des Bouddha y sont sculptés et peints. Le corps de bâtiments est magnifique. Les longues vérandas, les corridors couverts sont hardis et irréguliers, sans grande symétrie. La salle du conseil a des châssis de fenêtre en or; à droite et à gauche sont des colonnes carrées portant de quarante à cinquante miroirs rangés sur les côtés des fenêtres. (De chaque côté de l'estrade royale sont placés deux grands miroirs métalliques; devant chacun d'eux est un vase d'or, et devant chaque vase un brûle-parfums également en or). En dessous sont représentés des éléphants. J'ai entendu dire qu'à l'intérieur du palais il y avait beaucoup d'endroits merveilleux; mais les défenses sont très sévères et il est impossible d'y pénétrer. Dans le palais il y a une tour d'or (Phimeanakas) au sommet de laquelle repose (l'esprit divinisé) du souverain.

« Tous, à commencer par le prince, hommes et femmes, portent le chignon (cependant sur les bas-reliefs des IX-Xe s., les soldats khmèr sont représentés avec les cheveux courts et cette coiffure est encore portée de nos jours par les Cambodgiens des deux sexes, à l'exception des Baku) — et ont les épaules nues. Ils s'entourent simplement les reins d'un morceau de toile (pagne; le sampot serait d'importation thai). Seul le prince peut se vêtir d'étoffe à ramages serrés. Il porte un diadème d'or, semblable à ceux qui sont sur la tête des *vajradhara*. Quand il n'a pas de diadème il enroule autour de son chignon des guirlandes de fleurs odoriférantes de l'espèce du jasmin. Sur le cou, il a près de trois livres de grosses perles. Aux poignets, aux chevilles et aux doigts, il porte des bracelets et des bagues d'or enchâssant des œils-de-chat. Il va nu-pieds et la plante de ses pieds et la paume de ses mains sont teintes en rouge par la drogue rouge. Quand il sort, il tient à la main une épée d'or (Prah khan, don d'Indra). Les plus hauts dignitaires se servent d'un palanquin à brancards d'or et de quatre parasols à manche d'or.

« Quand le prince sort, de la cavalerie est en tête d'escorte; puis viennent les étendards, les fanions, la musique. Des filles du palais, au nombre de trois à cinq cents, en étoffes à ramages, des fleurs dans les cheveux, tiennent à la main de grands cierges et forment une troupe; même en plein jour, leurs cierges sont allumés. Puis viennent des filles du palais portant les ustensiles royaux d'or et d'argent, et toute la série des ornements, le tout de modèles très différents et dont l'usage m'est inconnu. Ensuite, il y a des filles du palais tenant la lance et le bouclier, et qui sont la garde privée du prince : elles aussi forment une troupe. Suivent les voitures à chèvres, les voitures à chevaux. toutes ornées d'or. Les ministres, les princes, sont montés à éléphant, et allant en avant, regardent au loin; leurs parasols rouges sont innombrables. Après eux arrivent les épouses et concubines du roi, en palanquin, en voiture, à éléphant. Elles ont certainement plus de cent parasols garnis d'or. Derrière elles, c'est le prince debout sur un éléphant, et tenant à la main la précieuse épée (prah khan). Les défenses de l'éléphant sont enveloppées d'or. Il y a plus de vingt parasols blancs garnis d'or et dont les manches sont en or. Des éléphants nombreux se pressent autour de lui et de la cavalerie le protège. »

La métropole khmèr est limitée par une *enceinte* imposante, mais celle-ci ne forme pas un carré parfait parce que les constructeurs ont commis une légère erreur de 2° ½ dans l'orientation du mur occidental. A l'extérieur, une *berme* d'une dizaine de mètres court tout autour du rempart et le sépare du *fossé*, large de 100 mèt., profond de 3 à 4 mètres.

L'enceinte est constituée par un fort mur de latérite de 7 à 8 mèt. de hauteur protégeant une large banquette de terre de 25 mèt. d'épaisseur. Cette muraille, de 12 k. 225 de développement, est percée de cinq portes monumentales dont deux sur la face E. Aux angles, sont élevés des édifices, les *Prasat Chrung*, d'un caractère spécial ayant leur ouverture à quatre pans courbes. C'est proche de ceux du rampart O. qu'ont été relevés des stèles de Jayavarman VII (fin du XII° s.).

Cinq chaussées coupant la douve donnent accès aux *porteries* dont les dômes centraux sont décorés de masques de Çiva, orientés aux quatre points cardinaux.

De belles avenues rectilignes de 1.500 mètres env. de longueur se dirigent vers l'intérieur de la ville, sur le point central, le *Bayon*. C'est au N. de ce temple que sont situés les édifices principaux de l'ancienne capitale.

BAYON

En venant de la porte du S., se dresse, vieux de plus de dix siècles, le temple çivaïte du **Bayon** le plus considérable de la cité.

Cet édifice fut consacré par Yaço-varman au *devardja* sous la forme du *linga*. Il se trouve exactement au centre mathématique de l'enceinte, au point d'intersection des diagonales du carré irrégulier et desaxé légèrement vers l'O.

C'est la plus célèbre des « montagnes », celle qu'on appelait en sanscrit le Yaçodharagiri et en langue vulgaire Bhnam Kantal « le Mont Central ». Ce temple abritait l'esprit divin protecteur du royaume et de la cité, le « dieu-roi » (*Kamraten jagat ta râja*) (le dieu de la royauté), représenté par le saint Linga érigé par le prêtre du Çivaçrama vers la fin du IXe siècle.

Cette représentation divine du roi terrestre siège toujours à la capitale (nagara); installée d'abord à Mahendraparvata, puis à Hariharalaya, elle suivit Yaço-varman à Yaçodharapura où le souverain lui éleva le « Mont central », le Meru terrestre.

Le Bayon, plus ancien de deux à trois siècles qu'Angkor-Vat, est peut-être le monument le plus original du « Parc », surtout si l'on tient compte de l'aspect si singulier que lui donnent ses trois terrasses et ses 51 tours de pierre (ou *linga*) décorées de la quadruple face divine (1). Son grand prasat atteint 48 mèt. de hauteur.

Chacune de ces tours devait contenir l'image d'une divinité çivaïte. Plus tard, le temple fut converti en pagode du Bouddha par les moines du rite du Hina-yana.

Yi-tsing, religieux chinois, voyagea aux Indes à la fin du VIe s. et visita Nalanda (Bengale). Il remarqua dans cette ville qu'au sommet des tours en briques qui atteignaient par étages 40 pieds de haut, il y avait « des têtes de la grandeur d'un homme ».

Le monument s'ouvre à l'E. sur une belle terrasse décorée autrefois de lions et de nâga. Cette entrée fait face à l'Avenue de la Porte des Khmoch.

Le *premier étage* posé sur un soubassement est un rectangle (de 140 mèt. E. O. sur 100 mèt. N.-S.) formé de *galeries extérieures* pourtournantes. Celles-ci sont précédées de terrasses avec balustrades de nâga, interrompues devant les entrées. Les vastes murs de ces galeries sont couverts de bas-reliefs rappelant des épisodes de la vie et de l'histoire du Cambodge au IXe s. (voir plus loin, A, l'interprétation de quelques-unes des scènes).

Tout cet étage a été saccagé à l'époque des invasions thai, les balustrades ont été arrachées, des panneaux de bas-reliefs culbutés, les toitures effondrées.

---

(1) Le temple étant dédié au linga (Çiva), les quatre visages ne peuvent être ceux qu'on attribue à Brahmâ. On remarquera qu'au Bayon quelques groupes de figures portent au front un demi-losange.

A mi-étage et dans les angles N.-E. et S.-E., s'élèvent des *bibliothèques* surmontées chacune d'une tour ornée des quatre visages.

Le *second étage* mesure un rectangle de 120 m. E.-O. sur 80 mèt. environ N.-S. Il comprend des *galeries intérieures* aux murs sculptés de sujets mythologiques (v. *B*) avec des contre-galeries en forme de cloîtres à chaque angle. Les galeries pourtournantes sont surmontées de 16 tours et les cloîtres de 12 autres, décorées du quadruple masque brahmanique.

Le *troisième étage* comprend une terrasse en croix latine avec un soubassement au plan complexe portant une tour centrale. Chacune des 20 tours qui décorent cette dernière enceinte est aussi surmontée du quadruple visage exprimant la félicité souveraine; toutes dominées enfin par les quatre faces géantes, couronnées de la tiare conique, du dôme du grand prasat.

A l'intérieur de cette tour est le sanctuaire, chambre obscure (5 mèt. 30 sur 4) au milieu de laquelle se dressait le linga de Çiva.

La statue du dieu est absente. Les guerriers ennemis ont dû la détruire pour marquer la fin de la protection divine et l'anéantissement de la puissance du Cambodge.

« Le plan du Bàyon, compliqué dans ses parties, forme un ensemble absolument unique dans son genre; les façades ne sont pas moins intéressantes. Les tours, d'une proportion superbe, s'élevant graduellement sur les galeries remplies de bas-reliefs, produisent un effet extraordinaire et augmentent par leur merveilleux groupement celui du dôme central, le chef-d'œuvre entre tous. Les galeries semblent peut-être basses tout d'abord; elles n'en sont pas moins construites dans d'agréables proportions et font valoir les tours dômées auxquelles elles sont reliées. — Les architectes ont cherché à resserrer les galeries et les sanctuaires le plus possible, pour obtenir un aspect grandiose qu'on peut embrasser d'un seul coup d'œil. Les cinquante dômes rapprochés s'étageant graduellement sur les terrasses semblent disposés autour du sanctuaire principal pour ne former en quelque sorte qu'une pyramide unique (*Tissandier*). »

« Le Bàyon est le seul temple qui présente un double entourage de galeries sculptées. Mises à la suite des unes des autres, ses grandes compositions en bas-reliefs s'allongeraient sur une ligne de plus de 1.200 mètres. et l'on y pourrait dénombrer jusqu'à 11.000 personnages ou figures d'animaux divers... C'est le mieux conçu, sans contredit, le plus varié et le plus original des édifices sacrés de l'ancien Cambodge. Nulle part ailleurs cet art d'étonner les yeux tout en les charmant, qui fut le don particulier, en même temps que l'objectif principal, des hardis bâtisseurs khmèr ne se montre d'une manière plus frappante. Malgré l'immensité des proportions et la diversité cherchée des aspects, l'aspect ne s'y trahit pas. Le massif intérieur, aussi réduit que possible, est dissimulé habilement, et demeure presque inaperçu : l'effet pyramidal de l'ensemble paraît exclusivement dû à la disposition de ses cinquante tours ouvragées (*Delaporte*). »

SCULPTURES

Les frontons et les linteaux du temple sont ornés de sujets çivaïtes, tandis que les sculptures des panneaux sont surtout inspirés des légendes vishnouïtes.

Les bas-reliefs donnent de précieux renseignements sur la vie publique des Cambodgiens du IX° s. : « Ces naïves images, bien plus vivantes que les compositions décoratives et stylisées d'Angkor-Vat, nous montrent précisément ce « peuple khmèr » sous les aspects les plus divers : au marché, à la chasse, à la pêche, à la guerre, ou prosterné devant ses dieux. Il n'est pas une planche d'où l'on ne puisse extraire d'intéressants *realia* : c'est là un travail qui pourrait être entrepris en dehors de tout souci d'identification des personnages et qui donnerait des résultats immédiats. L'interprétation des scènes est une question de patience et de chance. Actuellement, il faut l'avouer, la majeure partie d'entre elles reste absolument inexplicable. Les faits acquis sont les suivants :

A — « Les *galeries extérieures* semblent bien, comme à Banteay Chhmàr, consacrées à des épisodes contemporains ou tirés tout au moins de l'histoire locale : pas un seul personnage mythologique, mais des défilés guerriers, des scènes, au palais ou sur la place publique (remarquer les jongleurs, équilibristes, comédiens et coureurs (des n°° 69-71-72 des photographies de la mission Dufour et Carpeaux), surtout d'interminables combats. Dans ces batailles, les Cambodgiens, reconnaissables à leurs cheveux courts, sont généralement aux prises, soit sur terre (n°° 79-125), soit sur l'eau (n°° 22-24), avec des hommes d'un type très différent, que nous retrouvons du reste à Banteay Chhmàr en lutte avec les Khmèr : ils portent une coiffure à étages, identique à celle qui est sculptée sur un mukhaliṅga de Mi-so'n. Ce détail, venant s'ajouter à ce que nous savons déjà des guerres avec le Champa sous le règne de Yaço-varman, laisse supposer que les soldats en question sont des Cham.

B. — « L'identification des scènes de la *galerie intérieure* est plus aisée : elles ont en effet un caractère nettement mythologique. Les défilés eux-mêmes semblent être des cérémonies religieuses (comme à Angkor-Vat celui de Paramavishṇuloka). Au demeurant, quatre légendes brahmaniques se laissent dès maintenant reconnaître : (n° 31). Légende de Pradyumna, fils de Krishṇa et de Rûkmiṇî, jeté à la mer par le démon Çambara. L'enfant est dévoré par un poisson, que des pêcheurs prennent ensuite dans leur filet et viennent offrir à Çambara. En dépeçant l'animal, les pêcheurs trouvent Pradyumna (qui n'est autre que Kâma le dieu de l'amour). Une servante de Çambara, Mâyâvatî (incarnation de Rati, l'épouse de Kâma), élève en cachette celui qui doit être son époux et qui tuera plus tard Çambara — (n°° 77-81) Barattement de l'océan de lait — (n° 98) Kâma réduit en cendres par le feu de Çiva. — (n°° 106-109) Ravaṇa écrasé par Çiva. — Bien que Vishṇu apparaisse plusieurs fois sur ces bas-reliefs (surtout n° 61), la place d'honneur est laissée à Çiva (*G. Cœdès* 1911). »

Près du Bàyon, un petit monument de style khmèr, sépulture du « premier conservateur d'Angkor », *Jean Commaille* (29 avril 1916).

Au N. du Bâyon s'étend le *Veal* « la Plaine », vaste *Place centrale*, longue de 700 mèt., d'où le visiteur peut embrasser d'un coup d'œil tous les édifices importants et la Terrasse royale.

De cette place partent les cinq belles avenues rectilignes aboutissant aux porteries monumentales de l'enceinte.

Côté occidental de la Place centrale

VILLE ROYALE RÉSERVÉE

Dans le N.-O. du Bàyon, la *Ville royale réservée*. Celle-ci est close par une enceinte composée de levées de terre et de bassins-fossés sur trois faces et par des *Terrasses* dans sa partie orientale.

A 100 mèt. à l'O. et parallèlement au mur occidental de l'enceinte, court un remblai, avec massif de maçonnerie, haut de 3 à 4 mèt. dominant à l'O. le *Dón Ma*. De ce terrassement, on pouvait assister aux joûtes et aux fêtes données sur l'Étang de « l'aïeule Ma ».

L'enceinte de la Ville royale renferme : au Centre, le *Palais royal* avec le *Phimeanakas;* au S., le *Baphuon;* au N., le *Tep Pranam* et le *Prah Palilai*.

BAPHUON

Le **Baphuon** est identifié avec la « Tour de Cuivre » que Tcheou Ta-kouan place à un *li* de la « Tour d'Or » (le Bàyon).

Le monument est élevé sur une butte artificielle; il est l'un des plus ruinés par le temps et surtout par les hommes.

Le temple, ouvert à l'E., mesure à sa basse env. 120 mèt. dans l'axe E.-O. C'est une pyramide rectangulaire composée de trois terrasses superposées avec des galeries finement sculptées de scènes des poèmes brahmaniques. Sur la dernière plateforme est une galerie aux parois ornées de bas-reliefs remarquables, puis un grand sanctuaire central que devait surmonter un toit doré ou couvert de feuilles de cuivre. Cette tour ruinée atteint 43 mèt., mais pouvait avoir 47 mèt. de haut lors de sa construction.

Cet édifice est le Hemagiri, ou *Hemâdri* « le mont d'Or » encore appelé Haimaçringagiri « le mont de la Corne d'or », élevé sur l'ordre de Jayavarman V (969 à 1001 A. D.), par le guru Yoglçvarapandita. Il était affecté au culte du dieu Hemaçringeça et ses prêtres étaient nommés par le roi. Plus tard (XVᵉ s.), les boudhistes ont ébauché sur un contrefort de la face O. un gigantesque Bouddha couché.

PALAIS ROYAL

La *Terrasse des Éléphants*, longue de plus de 300 mèt., large de 14 mèt., est dans l'alignement N.-S. de la grande tour du Bayon. Elle servait de tribune royale pour voir les défilés et les jeux donnés sur la Place centrale.

De cette terrasse se détachent cinq avancées : trois au centre et une à chaque extrémité. Sur le mur de soutènement sont sculptés; au centre, des garuda (roi des oiseaux, monture de Vishnu) et des lions alternés et, aux extrémités, le célèbre défilé des éléphants.

L'emploi de garuda cariatides donne à penser que les Khmèr ont voulu figurer ici une terrasse céleste.

C'était la levée d'enceinte orientale du *Palais royal* dont le terrain s'allonge d'E. en O. et paraît avoir compris quatre sections inégales. Le Phimeanakas s'élevait dans la seconde division, puis venait le Palais proprement dit.

D'après Tcheou Ta-kouan (fin du XIIIᵉ s.) : « La salle du conseil a des châssis de fenêtre en or; à droite et à gauche sont des colonnes carrées portant de 40 à 50 miroirs rangés sur les côtés des fenêtres. En dessous sont représentés des éléphants. J'ai entendu dire qu'à l'intérieur du palais il y avait beaucoup d'endroits merveilleux; mais les défenses sont très sévères et il est impossible d'y pénétrer. »

PHIMEANAKAS

Phimeanakas (Akâça-vimâna « palais aérien ») « demeure céleste » (dans laquelle les dieux et les génies se meuvent à travers l'espace). Il fut élevé sous Yaço-varman et terminé sous son successeur, Harsha-varman. Le roi Udayâditya-varman II (mi-XIᵉ s.) fit édifier un « Mont d'Or » (Svarnâdri) et ériger un « linga de Çiva arrosé d'ablutions aux temps [prescrits] ».

Ce temple, de forme pyramidale, mesure à sa base 35 mèt. sur 25. Il se compose d'un fort soubassement coupé de quatre escaliers orientés et surmonté d'une galerie pourtournante. Au centre de cette plateforme s'élève le socle qui supporte un petit sanctuaire carré, édifié au dieu protecteur du palais et de la famille royale. Ce monument, en latérite et en grès, est très ruiné.

Tcheou Ta-kouan s'est laissé conter que le souverain reposait au haut de la « Tour d'Or » du palais, en compagnie d'un serpent à neuf têtes. En réalité, le prince ne pouvait résider sous des voûtes peu propres à l'habitation, mais l'esprit céleste protecteur était censé y demeurer; enfin, comme nous l'apprend une inscription, l'édifice n'était pas un palais, mais un temple qui, par une association mystique, représente ici une montagne sainte.

A l'E. du Phimeanakas, mais non dans son axe, le gopura oriental, à trois passages, de l'enceinte intérieure du palais. Ce gopura donne accès au centre de la Terrasse royale, dite des Eléphants; l'Avenue de la Victoire est dans son prolongement.

Inscriptions du gopura produisant le serment d'obéissance fait en 1011 A. D par environ 400 chefs de district au roi Sûrya-varman. On constate l'analogie que présente cette formule avec celle qui est en usage aujourd'hui.

La Terrasse des Éléphants se poursuit au N. par la *Terrasse du Roi lépreux*. Celle-ci, de forme cruciale, présente des murs de soutènement, hauts de 7 mèt., couverts de sculptures d'une belle exécution. Parmi les personnages assis, des souverains coiffés du diadème conique, armés d'un glaive court, entourés de princesses parées de rangs de perles. Sur cette terrasse se trouve exposée une statue, sans doute de Çiva, à laquelle les indigènes donnent le nom de *sdac komlèn* « roi lépreux ».

TEP PRANAM

A 100 mèt. au N., une chaussée conduit au *Tép Pranam*, terrasse bouddhique de 82 mèt. de longueur sur 34 de large dans sa partie cruciforme; son mur de soubassement est en grès mouluré.

Cette terrasse fut élevée par Yaço-varman pour la fondation du monastère bouddhique Sangatâçrama.

D'après la stèle de ce souverain, l'organisation de ce monastère fut celle des fondations çivaïtes. Dans le texte, les termes brahmaniques abondent; au début, l'invocation bouddhique cède le pas à l'adoration de Çiva et, à la fin, le roi Yaço-varman promet le ciel de Çiva aux fidèles qui feront prospérer le couvent du Sangata.

Surya-varman I, en 927, ordonna de faire le Virâçrama et donna des serfs pour la garde des champs. Sous le règne de Rajendra-varman (X⁰ s.), il y eut de nouvelles donations.

Les édifices, successivement reconstruits en matériaux légers, ont disparu, mais l'emplacement du sanctuaire est marqué par le *balang*, support d'une statue du Bouddha assis. Onze *chèldei* s'alignaient sur chaque bord de la terrasse et trois sur le front E.

PRAH PALILAI

Le *Práh Pàlilai* est situé à 200 mèt. au N. de la porte N.-O. du mur N. du Palais royal et à 400 mèt. à l'O. de l'avenue du Nord. Il a été dégagé en 1919.

Son nom est une altération de *Pâriley yaka*, nom du bois où le Boudda se retira seul en quittant Kosambî et où il fut servi par un éléphant (*Finot*).

Le Pra*h* Palilai comprend un sanctuaire, une enceinte avec un gopura et une terrasse. L'édifice est orienté à l'E.

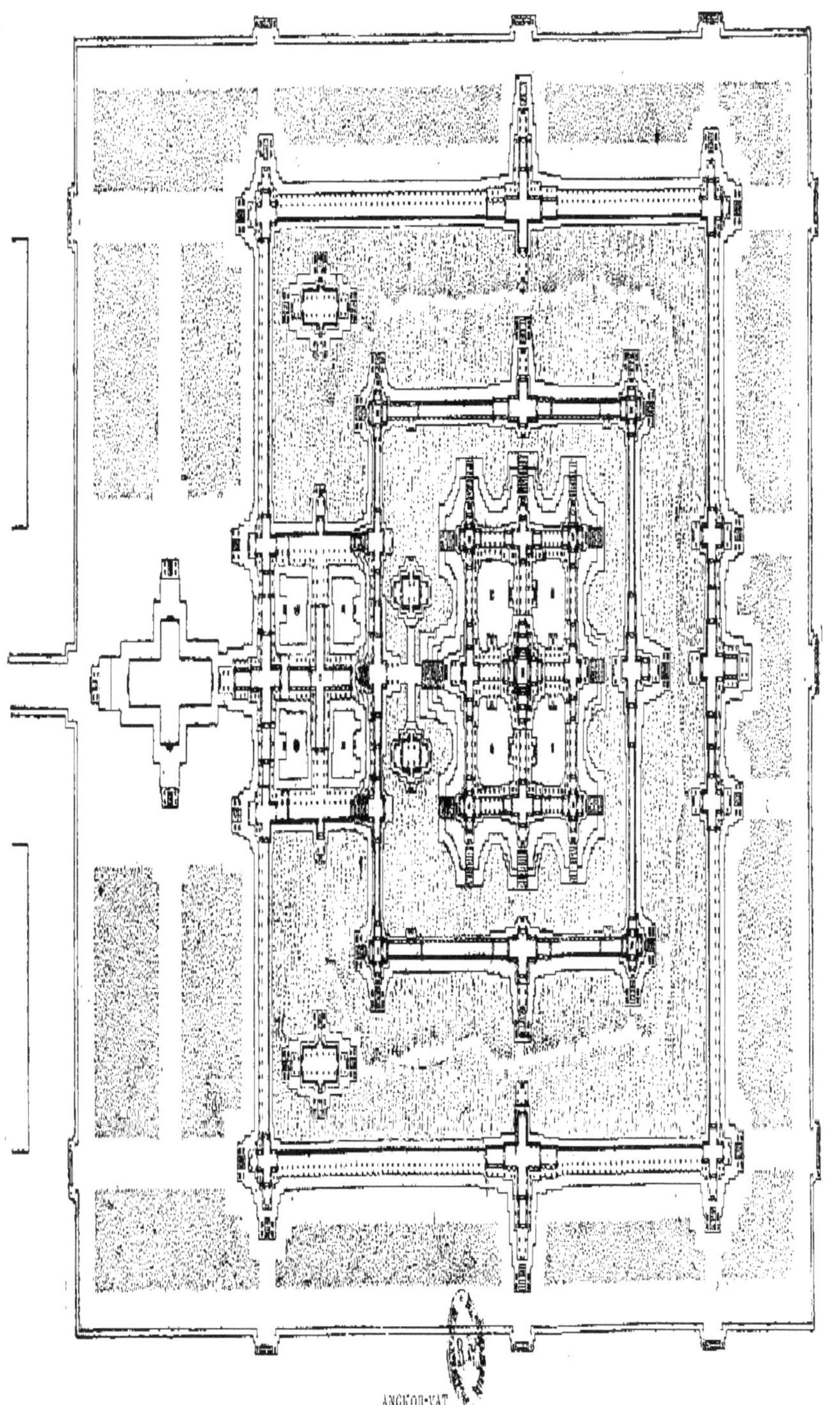

ANGKOR-VAT

Le monument n'est pas daté, mais d'après son décor il doit être de l'époque voisine d'Angkor Vat. Son nom et la prépondérance des scènes bouddhiques le classent parmi les sanctuaires du Bouddha, élevés au rite du Mahâyana, mais à certaines figurations brahmaniques on reconnaît que l'édifice fut aussi placé sous la haute protection du culte officiel.

A l'E. du temple, une terrasse cruciforme, de 32 mèt. de long, ornée d'une balustrade de nâga, est continuée par une levée de terre aboutissant à la porte de l'enclos.

Le gopura, à trois entrées et surélevé, interrompt un mur d'enceinte en latérite. C'est là que fut trouvé un fragment d'une grande statue du « Bouddha attestant la terre ».

Le sanctuaire s'élève sur un socle en grès à 3 étages de terrasses. L'édifice est de forme carrée et s'ouvre sur 4 faces orientées précédées d'avant-corps. Une cella centrale.

Sur les linteaux sculptés, on remarque à leur centre : Indra sur Airâvata tricéphale, à l'E.; Brahmâ sur un hamsa tricéphale, à l'O.; le Bouddha, sur les faces N. et S.

Côté oriental de la Place centrale

PRASAT KHLEANG

Sur la face E. de la grande Place, sont disposés deux groupes d'édifices symétriques, séparés par l'avenue de la Victoire.

Ce sont au S. et au N. de l'avenue, les *Prasat Khleang* précédés en alignement S.-N. chacun de 5 *Prasat Suor Preal* « Tours où l'on marche sur des cordes » plus une en retour sur l'avenue.

Les deux Khleang ont pu être des palais; les douze tours devaient renfermer chacune un *linga*.

PRAH PITHU.

Au N. des Prasat Khleang, le *Prah Pithu* fait vis-à-vis au Tep Pranam. Sous ce nom, on désigne un groupe de temples brahmaniques et bouddhiques, avec terrasses et étangs, enfermés chacun dans un mur d'enceinte.

9. Environs d'Angkor-Thom

1º Circuit S.-O. (Petit circuit). — 2º Circuit N.-O. (Grand circuit).

1º *Circuit S.-O.*

Porte de la Victoire. Chaussée des Géants. Chau-sai Tevada. Thom Manom. Spean Thma. Tà Keo. (Ta Nei). *Tà Prohm.* Banteai Kedei et le Srah Srang. Bat Chum. Prasat Kravanh.

VERS ANGKOR, 8.

Angkor-Thom. Vis-à-vis de la Terrasse royale, on quitte la Place centrale par l'*Avenue de la Victoire.* On laisse à g. et à dr. les *Prasat Khleang,* puis dans le S. un *prasat* vishnouite sans nom (n° 487), carré, en grès, au soubassement décoré.

La route, toujours bordée par la forêt, arrive à la *Thvear Chei* « Porte de la Victoire », identique aux Portes cardinales de la cité. A cette sortie E., une *Chaussée des Géants,* signalée par Tcheou Ta-kouan au XIIIᵉ s.

C'est une allée de 15 mèt. de large, bordée de parapets de nâga, soutenus par une file de 54 Asura (démons), sur le bord N., et d'autant de Deva (dieux) sur le côté S.

Une avenue de 700 mèt. relie l'enceinte orientale de la capitale à la rivière de Siem-reap.

Sur ce trajet, on laisse à dr. et à g. deux temples symétriques, en grès, ouverts à l'E. :

Thom Manom, au N. et *Chau-sai Tevada,* au S.,

Ces édifices brahmaniques comprennent des *gopura* E., extérieurs, à triple entrée, puis des *sanctuaires* en croix, à salle centrale munie de quatre avant-corps, dont un plus important.

Sur des frontons du gopura E. de Chau-sai, sont représentées des épisodes du Râmâyana.

Ces constructions en ruine sont élevées sur des soubassements en grès moulurés; la décoration des édifices est du meilleur goût.

La route passe le Stu'ng Siem-reap sur un *pont* en ciment armé en aval du *Spean Thma (Krom)* « Pont de pierre (d'en dessous) ». Cet ouvrage khmèr est construit en blocs de grès et de latérite de réemploi provenant d'anciens édifices. Une arche s'est maintenue ainsi que quelques piles.

TA-KÉO

Le *Prasat Ta-kéo* « sanctuaire de l'ancêtre de Cristal (Précieux) » du Xᵉ s., est une des meilleures œuvres d'Angkor. Le monument pyramidal, dégagé en 1920, était consacré au culte çivaïte; il est orienté à l'E. et s'étage sur quatre gradins. Le travail de décoration est soigné, mais ne paraît pas avoir été achevé.

Inscriptions de la mi-Xᵉ s. et du commencement du XIᵉ s. Donations et généalogie d'une famille vouée au sacerdoce.

Ta-kéo est limité par un fossé mesurant 220 mèt. d'E. en O., interrompu par quatre passages orientés.

A l'intérieur, deux enceintes étagées avec galeries et portes cardinales.

Sur la seconde plateforme, deux bibliothèques sur la face orientale. Puis, un soubassement de 12 mèt. de haut coupé par quatre escaliers de 30 marches.

Sur la troisième plateforme, 4 tours d'angle, puis un socle

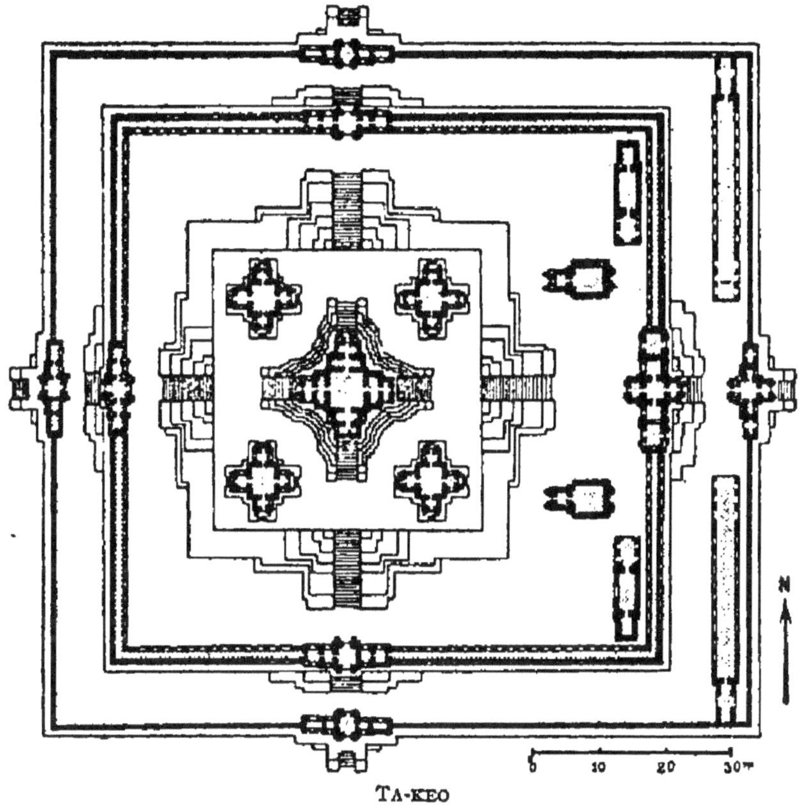

TA-KEO

supportant le sanctuaire principal, dressé à 35 mèt. de haut, auquel on accède par des escaliers sur chaque face.

TA-NEI

A 650 mèt. au N. de la route, le *Prasal Ta-Nei* est situé vers l'angle N.-O. du Barai. Par ses dispositions et sa décoration, il se rattache aux sanctuaires du groupe de Pra*h*-Khan.

Un petit portique d'entrée E. est ouvert dans la première enceinte.

Une terrasse cruciale précède l'entrée du monument pro-

prement dit. Celui-ci est composé d'un quadrilatère de galeries enfermant deux sanctuaires en grès surmontés de tours.

TA-PROHM

Le grand temple de **Ta-Prohm**, « l'ancêtre Brahmâ » est à proximité de Bantéai Kedei. C'est un des plus importants édifices khmèr. Il fut élevé vers le mi-Xe s. et reçut des adjonc-
tions au XIIe s.

Sanctuaire consacré à Çiva auquel fut justaposé un culte
au bodhisattva Avalokiteçvara. Toutes les sculptures brahmaniques murales ont été mutilées lors des invasions étrangères.

Sous Jaya-varman VII (fin XIIe s.), Tà Prohm était desservi par 18 officiants principaux et 2.740 officiants ordinaires. Dans l'enceinte, 12.640 personnes avaient droit au logement; parmi celles-ci on comptait 615 choreutes
affectées aux cérémonies. Le trésor comprenait des objets en or et en argent,
35 diamants, 2 éventails ornés de perles, 40.620 perles, 4.540 pierres précieuses,
1 chaudron d'or, de la vaisselle de cuivre, etc.

Le temple possède cinq enceintes et la dernière s'étend
sur env. 1.000 mèt. en direction E. O.

La première enceinte est interrompue par 4 *portes* monumentales orientées, dont la principale est celle de la face E.
Cette dernière est surmontée d'un dôme décoré des quatre
faces humaines.

La route traverse le parc, pour atteindre une *terrasse*, fran-
chissant le fossé extérieur de la seconde enceinte et précédant
le *gopura* E. Cet édifice, soigné et bien décoré, est à triple passages; salle cruciforme.

A l'intérieur et adossées au mur d'enceinte, une série de 100
petites cellules identiques en latérite et briques dont un édifice plus grand immédiatement au N. du gopura E.

Après l'entrée orientale, un bâtiment de réception mesure
30 mèt. E.-O. sur 20 mèt. N.-S. Triple ouvertures. Murs N.-et
S. décorés de motifs de fausses portes.

La troisième enceinte est constituée par une *galerie* pourtournante adossée à un mur en grès. Sur chacune des façades,
des portiques à trois entrées très décorés.

Les passages E.-O. sont coupés de galeries N.-S. Dans les
cours N. et S. des tours et des salles annexes.

La quatrième enceinte comprend une nouvelle *galerie*
pourtournante communiquant sur le côté E. avec diverses
salles, puis avec la dernière enceinte intérieure.

Cette cinquième enceinte est constituée par un rectangle de *galeries* surmontées de 4 prasat aux angles. Cours intérieures; une bibliothèque au S.-E.

Une salle à colonnade mène au *sanctuaire* carré, ouvert aux points cardinaux par des portes précédées d'avant-corps.

On peut sortir par le portique O. en suivant les galeries directes. — Les portiques N. et S. sont accessibles par des passages en grès, non éclairés et coudés.

Dans l'une des galeries orientales du temple, on a relevé une inscription du XIIe siècle qui a fait l'objet d'une étude de M. Cœdès. La stèle se présente sous la forme d'un gros pilier haut de 2 mètres.

L'inscription émane du roi bouddhiste Jaya-varman VII et date de 1186 A. D.

Elle a pour objet, après l'invocation et la généalogie du roi suivie de sa *praçasti*, de consacrer une série de fondations pieuses accompagnées d'une sorte de règlement administratif dont le prince héritier Sûryakumâra doit assurer l'exécution. Le style de l'invocation atteste que l'auteur était familier avec les doctrines du Grand Véhicule; celle-ci rend hommage aux trois hypostases du Bouddha, au Dharma et au Sangha, au Bodhisattva Avalokiteçvara (sous le nom de Lokeçvara) et enfin à une divinité que, à défaut de nom, l'épithète de « mère des Bouddhas » suffit à faire reconnaître pour la Prajnâpâramitâ... Le texte, dont le caractère bouddhique n'exclut pas certaines expressions trahissant un tréfonds brâhmanique, présente un tableau assez intéressant de la vie d'un temple cambodgien, et nous fait connaître un certain nombre de *realia* dont l'archéologie et l'histoire religieuse pourront tirer profit.

L'inscription rappelle la campagne victorieuse de Jaya-varman VII au Champa dont le roi, prisonnier, fut rendu à la liberté. Le souverain khmèr garda par contre à son service un certain nombre de Cham qui figurent parmi les desssercvants du temple à côté de gens de Pagan (Pukâm). Le texte énumère les fournitures nécessaires pour les différentes cérémonies qui s'y accomplissent, dont la fête de l'*uposatha* et celle du printemps. On apprend qu'il existait alors dans le royaume 102 fondations d'hôpitaux. Enfin, le souverain fit construire dans le grand temple de Ta Prohm 39 tours à pinacle, 566 habitations en pierre, 288 en briques, 2702 brasses de mur en latérite (de la première enceinte).

SRAH SRANG

La route, qui court le long de la face E. de Ta Prohm et de la face O. de Banteai Kedei, passe ensuite devant les quatre visages divins du gopura N. de l'enceinte extérieure de ce monument. Au carrefour du circuit N.-O. (dont l'itinéraire suit le bord septentrional du Srah Srang), la route file entre l'étang et la face E. de Banteai Kedei, entrée principale du temple.

Le **Srah Srang** « Bassin des Ablutions » est dans l'axe du temple de Banteai Kedei duquel il dépend. Un chemin conduit à la *terrasse* O. qui domine l'étang sacré. Balustrade de nâga. Trois perrons mènent à l'eau.

Le bassin a 700 mèt. d'étendue O.-E. Au milieu de la pièce d'eau, un îlot supporte un petit sanctuaire ruiné.

BANTEAI KEDEI

Banteai Kedei, ou *Ponteai Kedei* « la forteresse des cellules » est du règne de Râjendra-varman II (X⁰ s.). Inscriptions du XIIᵉ et XIIIᵉ s. Ce temple çivaïte a été saccagé au XVᵉ s. et toutes ses sculptures ont été mutilées.

Le sanctuaire est clos par quatre enceintes. Le mur extérieur, en latérite, enserre un parc de 620 mèt. dans la direction E.-O. Il est coupé par 4 portiques dont les sommets sont sculptés du quadruple masque brahmanique.

Dans le parc, au N. de la chaussée, un petit sanctuaire, puis au S. trois autres régulièrement alignés N.-S.

Un fossé, parementé de gradins de limonite, précède le second mur d'enceinte. Celui-ci est coupé, sur ses faces E. et O., par un *gopura* en grès à trois passages avec terrasse d'accès.

Au delà, un bâtiment de *réception* à trois entrées, avec allée centrale cruciforme.

Le *temple* proprement dit est clos par un troisième mur rectangulaire qui mesure 63 mèt. E.-O., sur lequel s'appuie un cloître ouvert à l'intérieur. Un gopura ruiné s'ouvre à l'E.

La quatrième enceinte est formée de galeries pourtournantes sur lesquellles s'ouvrent des vestibules cruciformes; au centre est la *cella* carrée. Dans les cours N. et S., des bibliothèques.

Un monastère bouddhique du rite du « Petit Véhicule » est installé dans le monument.

BAT-CHUM

Le *Prasat Bat-Chum*, à 1 k. au N.-E. de Prasat Kravanh, forme un groupe de trois sanctuaires en briques, placés de front et orientés à l'E. sur une même terrasse en latérite. Il fut édifié en 953.

Une inscription khmèr est datée de 960 AD. (882 çaka, le 11ᵉ jour de la quinzaine obscure d'Asadha, un vendredi); trois autres inscriptions sont sanscrites et signées chacune par un pandit.

Le monument est bouddhique et chaque prasat abritait une des effigies du Bouddha, de Vajrapâni et de Devî (Prajnâpâramitâ assimilée à Lokeçvara). Un large bassin s'étend à l'E. mais, d'après l'inscription, l'accès du tîrtha (bain sacré) était réservé au *hotar*, au brahmane instruit dans le Veda ou au *parohita*.

PRASAT KRAVANH

Le *Prasat Krâvanh* a été élevé en 921 au culte brahmanique. C'est un groupe de cinq sanctuaires, en briques, alignés N.-S sur une même terrasse. La tour centrale est de dimension plus grande que les autres; ces édifices sont ouverts à l'E.

La tour principale a conservé son linga; elle est décorée de sculptures à l'intérieur. Sur la face extérieure O., une grande image de Çiva à huit bras.

2° *Circuit N.-O,*

Porte du N. *Prah Khan.* Banteai Prei. Neak-Pean. Tà-Som. Mebon oriental. Prê-Rup.

Angkor-Thom. De la Place centrale, l'*Avenue du N.* est bordée (à l'E.) par les *Prasat Khleang* et le groupe de *Prah Pithu,* et (à l'O.) par les *Terrasses Tep Pranam* et le *Prah Palilai.*
La *Porte du N.,* couronnée par la quadruple face divine.

PRAH-KHAN

Le grand temple brahmanique de **Prah-Khan** « Glaive sacré » est situé en dehors et au N.-E. d'Angkor-Thom.

Une enceinte rectangulaire de 820 mèt. de long sur 740 de large, précédée d'un fossé, enserre le monument à distance. Une telle étendue, aujourd'hui envahie par la forêt, permet de croire que Prah-khan a pu être une capitale au IXe s., celle que les inscriptions signalent comme ayant été placée (par fiction) « sur la crête du mont Mahendra (Phnom Kulên) » et qui fut peut-être l'une des puri de Jaya-varman II.

Le temple est élevé en latérite et en grès, mais le vandalisme l'a ruiné et ses salles sont encombrées d'éboulis. Son sanctuaire s'ouvre à l'E.; il est entouré de galeries concentriques coupées sur chaque face d'un grand gopura.

Un nombre considérable de scènes et de dieux brahmaniques ont été sculptés sur les montants de porte, les frises, les cimaises, les murs, les niches, mais partout la dévastation systématique a fait son œuvre. Cependant, on peut reconnaître de ci de là un épisode du Râmâyana, une légende de Krishna, un Çiva assis entre Brahmâ Caturmukha et Vishnu Caturbhuja. Le dégagement du temple et de l'enceinte pourra amener des découvertes iconographiques et épigraphiques.

Entrées. Quatre chaussées orientées traversent le fossé par une allée bordée de géants, puis franchissent le mur extérieur orné de garuda. Les *portiques* d'entrée sont à 3 gopura et le passage central est destiné aux cortèges. A l'intérieur, les chaussées se poursuivent à travers le parc, jalonnées de stèles (figures de garuda et de brahmanes assis).

L'avenue E. mène à un édifice de réception.

On franchit le 2ᵉ mur par un vaste portique écroulé, puis on traverse un grand préau à galeries en croix (répété sur les autres faces) pour la danse ou la réception, orné de sculptures mutilées et de garuda aux angles.

Le *temple* proprement dit est limité par un mur sur lequel s'appuie intérieurement un préau circulaire de 210 mèt. E.-O.

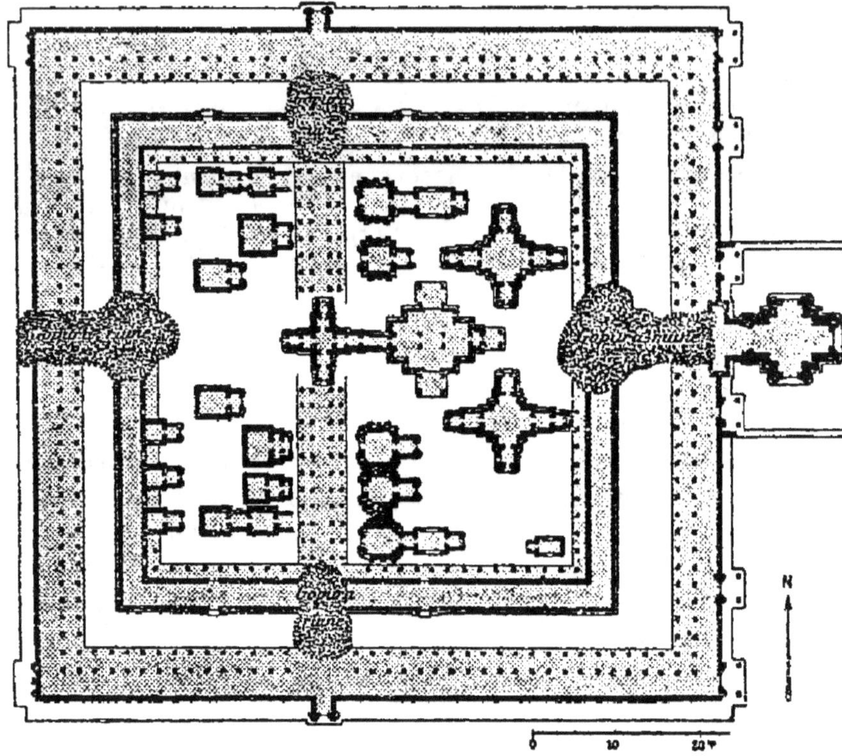

PRAH-KHAN

La partie centrale (d'après L. de Lajonquière).

sur 160 N.-S. Cette enceinte est percée de 4 portiques orientés dont un gopura E. remarquable à 5 passages avec un perron gardé par des lions.

A la sortie de ce long portique E. on a franchi un mur intermédiaire. Une dernière enceinte clot un préau intérieur pourtournant de 56 mèt. E-O sur 54 N.-S.; elle renferme aussi une douzaine de chapelles secondaires disposées avec symétrie.

A dr. et à g., 2 chapelles cruciformes, puis, dans l'axe E.-O., une large salle précédée de péristyles communiquait avec le *sanctuaire* principal. Ce lieu saint, carré, élevé en grès, avec avant-corps orientés, était autrefois surmonté d'une haute tour terminée par une fleur de lotus.

Des galeries couvertes au N. et au S. donnent aussi accès à ce sanctuaire.

BANTEAI PREI

Banteai Prei « la forteresse des Roseaux à natte », au N. du Veal, rappelle les dispositions de plan de Ta Som. Edifice de l'époque voisine de Pra*h* Khan.

Entrées axiales E.-O.; un premier mur en latérite, puis un fossé précédant un second mur flanqué de gopura E. et O.

Le temple est constitué par quatre corps de galeries en grès avec voûtes en ogive; salles en croix, surmontées de gopura, aux points de recoupement.

A l'intérieur du rectangle, le sanctuaire crucial, pourvu de quatre avant-corps orientés, est dominé par une tour décorée.

NEAK-PEAN

Neak-Pean « les Naga enlacés » est le Nirpone de certains auteurs. Il est au centre exact d'une plaine rectangulaire, le Veal Reachea Dak, anciennement aménagée en lac sacré du Pra*h* Khan.

Ce temple est unique dans son genre. Il comprend une *terrasse* de pourtour, cinq *bassins* en croix, desquels sort un tertre circulaire servant de base à un *templion* en grès, à salle cruciforme (dédié à Vish*n*u.) Un énorme figuier-banian couronne l'édifice.

La base du tertre est entourée par les corps de deux nâga dont les têtes se dressent au N. et au S. de la chaussée d'accès.

M. Cœdès voit dans cette réalisation architecturale le mythe du barattement. L'Océan serait représenté par le bassin central et le mont Meru par le tertre plein circulaire. Les deux serpents seraient Vâsuki.

Sur les édicules extérieurs, placés aux points cardinaux du rebord du bassin, sont représentés : à l'E., la tête de Çri; au N., celle de l'éléphant Airâvata; à l'O., celle du cheval Uccai*h*çravas.

TA-SOM

Le *Prasat Ta-Som* « sanctuaire de l'ancêtre Som » est à l'E. de la plaine de Reachea Dak. Sa construction peut être rapportée à l'époque voisine de celle de Pra*h*-khan. Le monument, ouvert à l'E., est en latérite et en grès; il est clos par deux murs, et a un fossé intérieur traversé par une balustrade dans l'axe E.-O., les gopura d'entrée sont décorés des quatre faces divines. Le temple proprement dit comprend une galerie pourtournante surmontée de gopura en grès. Un seul passage N.-S. communique avec le sanctuaire cruciforme.

Un pont en ciment armé (1921) franchit le Stu'ng Siem-reap, et la route atteint le *Barai* oriental, ancien lac creusé sous Yaço-varman, bordé de levées de terre dites *Thnal Barai*; à son centre s'élève un temple.

MEBON ORIENTAL

Le *Prasat Mebon* oriental fut édifié au début du règne de Râjendra-varman (944-947).

« Au milieu de cet océan qu'est l'étang fortuné de Yaçodhara, sur la montagne élevée par lui (le roi), et dont le sommet est semblable à celui du Meru (mont à cinq sommets), couvert de joyaux qui sont des tours et des édicules revêtus d'un enduit, il érigea un Viriñca (Brahmâ), une Devi, un Iça (Çiva) un Cârngin (Vish*n*u) et un li*n*ga de Çiva. »

Ce temple brahmanique, ouvert à l'E., comprend trois terrasses sur lesquelles s'élève un quinconce de cinq sanctuaires carrés, en briques, de construction, soignée, rappelant la disposition des tours de Prê Rup.

Les façades de briques sont percées de trous pour retenir un enduit qui s'est effrité avec le temps, par contre les encadrements de portes, les colonnettes, les linteaux sont d'une composition remarquable.

PRÊ-RUP

Prê-Rup, au S. du Barai oriental, est un monument important (Xe s.), dont les diverses parties reposent sur trois terrasses étagées d'une pyramide. Temple brahmanique ouvert à l'E., présentant un noyau central de cinq prasat d'une exécution soignée.

Prê-Rup « Tourner le corps », action de remuer les cadavres pendant l'incinération. Selon une légende, Sdach Peal, un « roi étourdi », tué dans la région, y fut transporté et son corps aurait été brûlé.

Les deux murs d'enceinte, en latérite, sont chacun interrompus par quatre gopura orientés.

Devant le perron E. de la grande terrasse une vaste cuve,

rectangulaire sur laquelle se serait autrefois accomplie la cérémonie du Prê-Rup.

Quatre perrons orientés, ornés de lions, mènent à la terrasse
dominant la plaine de 15 mèt. Sur ce soubassement, se dressent
aux angles quatre tours en briques et au centre, sur un socle, le
sanctuaire principal rappelant les dispositions des prasat de
Roluoʜ.

La tour S.-O., mieux conservée, a gardé entier le décor
d'un panneau d'entrepilastres et montre des antéfixes d'angle
en tête de makara. Les devata, comme à Lolei, portent la

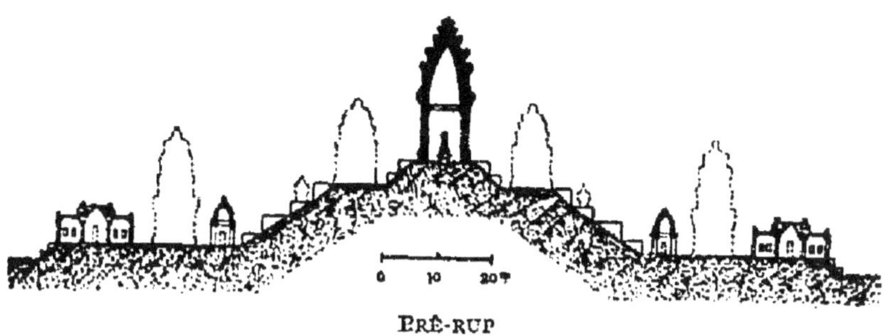

PRÊ-RUP

jupe avec ceinture en besace. Sur la face O., image de Varahî,
çakti de Vishnu dans l'avatar du Sanglier. Sur le linteau de la
face S., un bœuf triple porté par quatre lions.

Prasat *Leak Neang* est un petit sanctuaire en briques
voisin de Pre Rup, daté de 960 A. D.

Sur le linteau de la face E., l'image d'Indra sur l'éléphant
tricéphale.

10. Angkor-Thom au Grand Lac

Angkor-Thom au Phnom-Krom, 18 k. 8, et du Phnom-Krom à l'embarca-
dère de Kg. Phtul, 3 k. 5, soit 22 k. 2.

La route directe vers le Grand Lac quitte Angkor-Thom par
la porte du S.

Dans l'O., l'avenue de **Baksei Chamkrong**. C'est un édifice
intéressant parce qu'il est dans la région un des rares spécimens de la construction khmèr en briques.

Ce prasat s'élève sur un soubassement de grès reposant sur
une pyramide. Celle-ci, est formée de quatre hauts gradins
décroissants en latérite, coupés de fortes rampes.

La tour est ouverte à l'E. Sur ses murs de briques reposait
autrefois une décoration de mortier de chaux reconnaissable
au piquetage.

Au commencement du Xe s., Harsha-varman I érigea dans ce temple deux
statues dorées de Çiva, une statue de Vishnu et deux autres de Devî.

Une stèle, du 23 février 948, du règne de Râjendra-varman II, donne une
chronologie des souverains khmèr, issus du maharshi Kambu Svâyambhuva
et de l'apsaras Merâ, qui réalisaient en eux l'union des deux grandes races
solaire et lunaire.

400 mèt., le **Phnom Bakheng**, ou *Indrâdri* « mont d'Indra ».
Yaço-varman y éleva le *Yaçodhareçvara* au culte civaïte, signalé
par Tcheou Ta-kouan (fin XIIIe s.) comme étant la « Tour de
pierre de Lou Pan » (?).

Pour atteindre le sommet de la colline (60 mèt.), deux chemins en zigzag
évitent l'ascension de la pente raide de l'emmarchement des degrés. Du monticule, on a une belle vue particulièrement sur Angkor-Vat dont on distingue
nettement toutes les parties.

Le prasat, en s'effondrant, a entrainé la ruine des édicules
voisins. L'édifice se rattache à la série dite de l'art d'Indravarman.

La route longe le mur occidental d'Angkor-Vat Les cinq
tours centrales du grand temple dominent l'horizon (v. R. 7).

1 k 3, l'avenue de *Ta Prohm-kel*. Ce sanctuaire, du style
du Bayon, n'a conservé que ses faces E. et N.

1 k. 7, l'entrée principale d'Angkor-Vat,

8 k. 2, **Siem-reap**, siège administratif. — Route de Sisophon à l'O. — Route de Kompong-Thom (R. 6) à l'E.

Dans l'E. à 13 k., le groupe des sanctuaires khmèr de Roluok.

Vat-Athvea, dans l'O. de la route, rappelle par le style de son
prasat l'époque de la construction d'Angkor-Vat (XIIe s.).

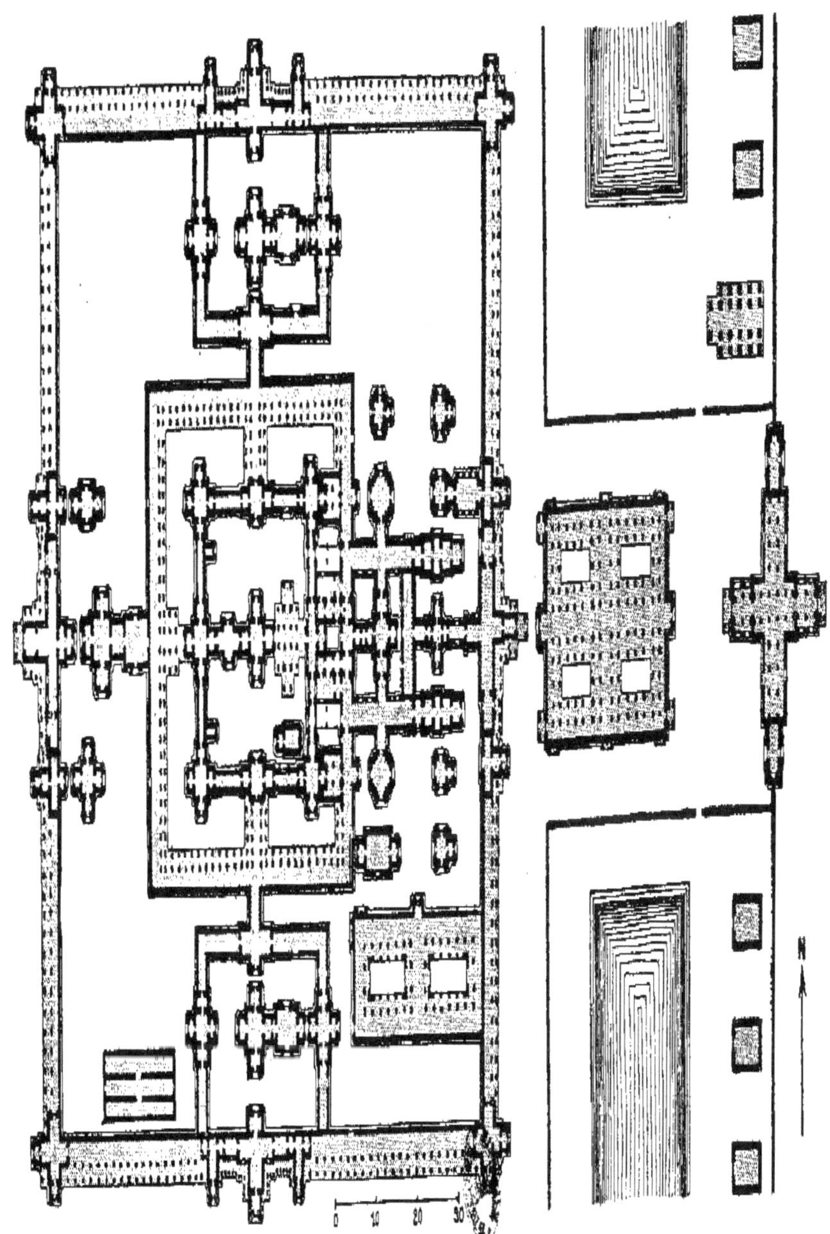

TA-PROHM. Le temple central (d'après L. de Lajonquière).

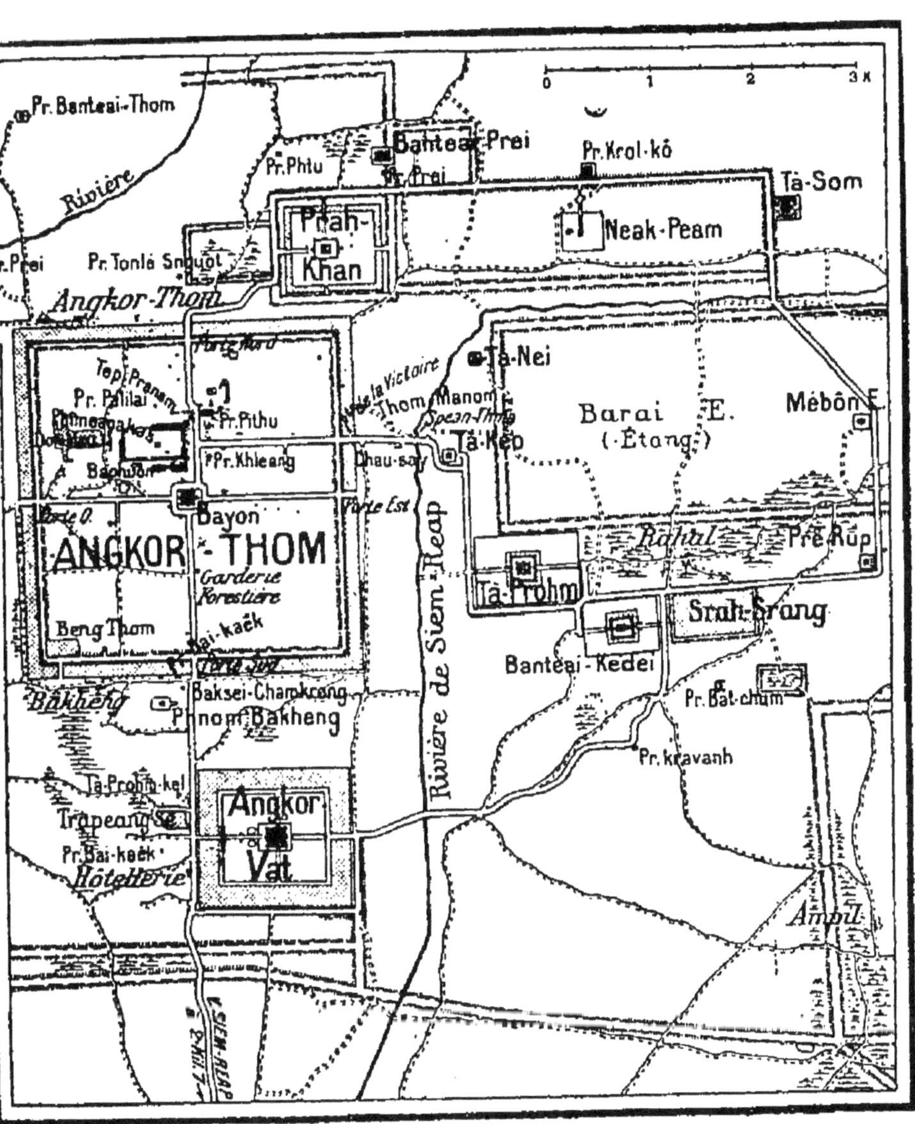

LES MONUMENTS ET LES ROUTES
DU PARC D'ANKOR

VERS ANGKOR, 9.

Un grand portique E. interrompt le mur d'enceinte. Un péristyle s'ouvre sur la face E. du sanctuaire en grès. Inscriptions modernes (XVIIe s.).

15 k., la route qui longeait la rive dr. du Stu'ng Siem-reap quitte la rivière.

18 k. 8, **Phnom-Krom** « Mont de l'aval », morne de grès à double sommet (110 mèt. alt.) entouré par les eaux lors des crues d'inondation et relié à la terre par d'anciennes digues khmèr. Vue lointaine du mont Kulên (40 k. N.-E.), du Phnom-Bok (24 k. N.-N.-E.).

Sur le piton S.-O., ruines d'un temple en grès de trois sanctuaires, carrés, orientés E., placés en ligne N.-S. sur une terrasse de latérite, entourés de galeries et d'une enceinte.

Le monument, exposé à toutes les intempéries et aux vents du Lac, est profondément érodé, il ne reste sur les façades que de rares sculptures d'une bonne époque.

Par ses motifs de décoration, le temple rappelle la stylisation des édifices du Phnom-Bok. Le Phnom-Krom peut dater du Xe s. Il fut élevé à la trimûrti indienne (Çiva, Vishnu, Brahmâ).

22 k. 5, *Kg.-Phtul*, quai d'embarquement. Le phare-signal est à 3 k. en aval (25 k. 5), d'où on gagne le mouillage (27 k.).

INDEX TOURISTIQUE

de Sai-gòn à Phnom-penh et à Angkor

L'unité monétaire de la colonie est la *piastre indochinoise*.

En excursion, pour éviter toute attente à l'étape, pour trouver un repas préparé ou une chambre prête, *prévenir* la veille par télégramme le gérant du *bungalow* ou de l'*hôtel*. Indiquer le nombre des voyageurs, l'heure approximative de l'arrivée et signer. Contremander à temps en cas d'empêchement.

Angkor (Siem-reap)

Hôtel-Bungalow d'*Angkor*, 50 ch.

Hôtel-*Palace* (en 1927), à Siem-reap, 40 ch. avec salle de bain ou de douche; installation moderne.

Excursions. Des services d'automobiles effectuent divers circuits pour la visite des monuments d'Angkor-Vat, d'Angkor-Thom, et des édifices khmèrs du voisinage. Location de voitures particulières, de charrettes à zébus avec conducteur, de chevaux de selle, d'éléphants. Les visiteurs pourront se procurer des guides et les moyens de transport désirés en s'adressant à la direction de l'hôtel. Les tarifs sont homologués par l'administration et affichés.

Ba-nam

Bungalow, ch. et repas. A 5 k. N. de Neak-luong.
Escale du service fluvial de la ligne Sàigon à Phnompenh.

Kg.-Cham

Bungalow, ch. et repas.
Escale du service fluvial de la ligne Phnompenh aux chutes de Khon.

Kg.-Kedei

Bungalow.

Kg.-Thom

Bungalow, ch. et repas.

Neak-luong

En attendant l'édification d'un Bungalow, prévu proche du bac, les touristes pourront faire 5 k. au N. pour se rendre au Bungalow de Ba-nam.

Phnom-penh

L'arrêt des services automobiles et l'accostage des vapeurs ont lieu proche du Phnom, dans le quartier français.

Hôtels : *Hôtel-Palace* (en 1927).
Grand-Hôtel, quai Lagraudière.
Banque : *B. de l'Indochine.*

Tourisme : Pour tout ce qui a rapport à un voyage d'études, s'adresser à la *Sté des Amis d'Angkor*, au Musée.

Poste, télégraphe.

Musée : *Albert Sarraut.*

Garage : *G. Khmèr*, 33, rue Hassakan.

Services automobiles postaux : Tarif de la 1re cl. : Phnompenh à *Angkor* (Siem-reap), 18 et 19 $; *Battambang*, 16 $ 05; *Bockor*, station d'altitude, 10 $ 56; *Chau-doc*, par Ta-keo, 8 $ 91; *Ha-tien*, 12 $ 38; *Kompot*, 8 $ 31; *Kep*, station balnéaire, 9 $ 71; *Kg.-Cham*, 6 $ 77; *Kg.-Chhnang*, 5 $; *Kg.-Thom*, 9 $ 13; *Porsat*, 10 $ 23; *Sisophon*, 19 $; *Ta-keo*, 4 $ 84.

Sài-gòn

Hôtels : Les touristes faisant un séjour à Sài-gòn s'assureront de leurs logements par télégramme, surtout si leur arrivée correspond avec le passage des grands courriers maritimes. Les passagers retiendront leurs appartements par câble dès Singapour, ou par T. S. F. si le paquebot a repris la mer.
Continental Palace H., rue Catinat, à 8 min. de la gare et à 15 min. du débarcadère; la direction parle anglais, espagnol, italien, annamite; 70 lits. Électricité, ventilateur, appareil à douche dans chaque chambre. Repas et chambre dep. 7 $ à 25 $ par jour et par personne; appartement dep. 45 $. Repas seuls, 75 cents, 2 $ et 2 $ 50. Au mois, repas et chambre de 150 $ à 300 $; repas seuls, 60 $.
H. de la Rotonde, rue Catinat, à 12 min. de la gare et du débarcadère; la direction parle anglais, hollandais, espagnol. Électricité, ventilateur; chambres et salles de bain.
H. du Casino, et Brasserie des Sports, boul. Bonnard, à 2 min. de la gare. Électricité. 30 lits. Appareil de douche dans chaque chambre. Chambre, 4 $. Repas, 50 cents, 1 $ 50 et 1 $ 50. Au mois, chambre et repas de 100 à 150 $; repas seuls, 45 $.
H. des Nations, boul. Charner. Chambre et repas dep. 7 $.
Saigon Palace H., boul. Charner.
H. Victoria, 1, rue Turc.

Tourisme : Bureau, 9, rue Taberd, donne tous renseignements sur les excursions, et organise sur demande des voyages, avec guides, à prix forfaitaires calculés en piastres indochinoises.

Banques : *B. de l'Indochine*, 22, quai de Belgique; — Sté fr. de gérance de la *B. industrielle de Chine*, 8, quai de Belgique, à l'angle du 2 rue Georges-Guynemer; — *Crédit Foncier Colonial et de Banque*, boul. Charner; — *Crédit Foncier de l'Indochine*; — *Sté financière française et coloniale.*
Hongkong Shanghai B. C.; — *Chartered B. of India, Australia and China*, 1, rue Guynemer.

Consulats : de *Belgique*, 43, rue Barbet; — de *Danemark*, 4, rue Catinat; — des *États-Unis*, 25, rue Taberd; — d'*Espagne*, quai de Belgique; — de la *Grande-Bretagne*, 4, rue G.-Guynemer; — d'*Italie*, 2, rue Ohier; — du *Japon*, quai de la Belgique; — des *Pays-Bas*, quai de Belgique; — du *Portugal*, 4, rue G.-Guynemer; — du *Siam*, 4, rue Catinat.

Librairies : *Ardin*, 64, rue Catinat; — *Portail*, 101, rue Catinat.

Musée, 12, boul. Norodom, ouvert tous les jours, sauf les lundis et jours fériés, de 8 à 11 h. et de 15 à 18 h.

Bibliothèque, ouverte tous les jours de 9 à 11 h. 30 et de 15 à 17 h., sauf les dimanches soirs et les lundis matins.

Garages : *Sté des automobiles et cyclés* (Ippolito); — *Auto-Hall* (Bainier); — G. *Charner* (Monod), 131, boul. Charner.

Magasin d'approvisionnement général : *Sté coloniale des Grands Magasins* (U. C. I. A.), 34, boul. Charner.

Navigation : *C¹ᵉ des Messageries Maritimes*, sur les quais, à Khanh-hôi' Services réguliers de Saigon en France et en Extrême-Orient; service côtier desservant les escales d'Annam et du Tonkin.

C¹ᵉ des Chargeurs Réunis, 15, quai le Myre de Vilers. Services sur le Tonkin, la France et l'Extrême-Orient.

C¹ᵉ des Messageries fluviales de Cochinchine, quai Francis-Garnier. Services réguliers sur le Mé-khong et le Grand Lac. Vapeurs modernes sur la ligne d'Angkor.

Sté des Affréteurs indochinois, 40, rue Lefèvre. Service de quinzaine de Sài-gòn à Bangkok, par Poulo Condor, Kep, etc.

Siem-reap

Hôtel : *Hôtel-Palace* (en 1927).

Soai-rieng

Bungalow, chambres et repas.

ANGKOR·VAT

Le massif central; sa façade O.

Le monument avant d'être nettoyé de sa végétation.

INDEX ALPHABÉTIQUE

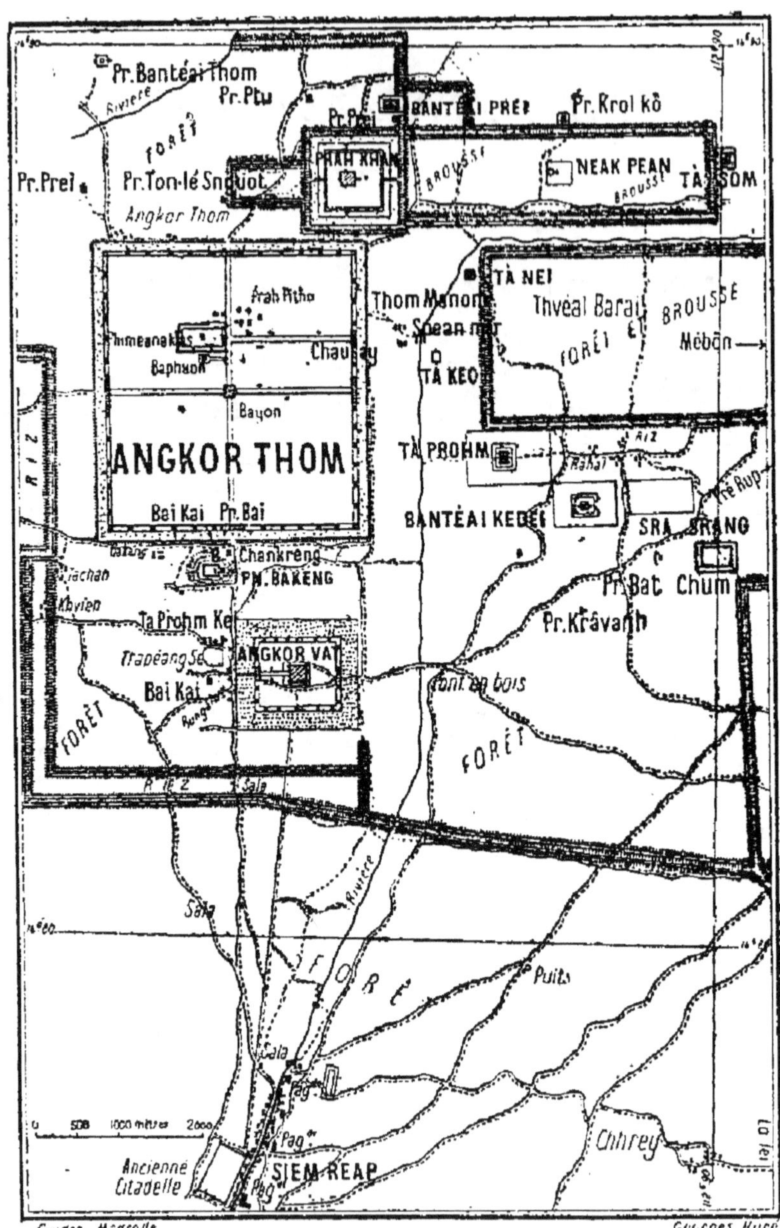

PARC D'ANGKOR
avant la création du réseau routier.

IMP. DE MONTLIGEON. LA CHAPELLE-MONTLIGEON (ORNE). — 14.782-9-24

Phnom-penh (suite)

MUSÉE ALBERT SARRAUT

Nous ne notons ici brièvement que les pièces ou œuvres principales; pour avoir des renseignements plus complets sur chaque objet, on voudra bien se procurer le *Catalogue du Musée* paru en 1923 dans la Revue *Arts et architecture Khhmèrs*. On pourra se reporter aussi aux pages 22 à 24 du présent guide.

Façade E.

Perron. — Porte d'entrée sculptée en plein bois d'après une fausse porte en pierre prise au temple de Lolei (parc d'Angkor).

Galerie extérieure, partie N.

Étagère 1 : Pierre sculptée représentant 9 personnages indéterminés. Pierres d'accent et arcatures. Taureau Nandin. — Stûpa votif.

Étagère 2 : Linteau (C. 77) finement sculpté, art classique, provient de la région de Kg.-Thom. Têtes du Bouddha. Bouddha sur Nâga. Ganeça.

Galerie extérieure, partie S.

Étagère 1 : B. 22 Épanouissement du Nâga portant Garuda, art classique. Têtes du Bouddha. Linga. — C. 10 et C. 96, pierres d'accent en forme de Prasat. — B. 262, Statue du Bouddha sur le Nâga, provenant de Banteai-Chhmar.

Étagère 2: B. 51, tête de géant. — B. 46 et B. 47, Vishnu dans arcature. — Linteaux et colonnettes sculptés.

Salle centrale

Grande vitrine contenant une partie du Trésor de la couronne : F. 97, grand plateau de cérémonie en or ciselé. — F. 96, coupe à offrandes, or ciselé. — F. 100, coupe à eau, or ciselé et émail. — F. 101, F. 102, ornements de chignon, or et émail, servant à la cérémonie de la coupe de mèche des princes et princesses. — F. 98, pendentif de danseuse, or et diamants. — Chaînes. Bracelets. Ceintures et épaulières des choreutes royales. — F. 93, carafe à eau lustrale, or ciselé. — F. 138 à 142, Mokot et Penthièret, diadèmes or et diamants de la première choreute du ballet de S. M. Sisovat. — F. 5 et 6, théières en argent niellé d'or. — F. 53, boîte à sceaux, laque et incrustations. — F. 190, épingle de chignon. — Divers ustensiles à offrandes. Sabres laotiens. Poignards. Couteaux. Pipes en racine de bambou, ornées d'argent ciselé.

Tout autour de la salle, huit piliers entourés de vitrines plates contenant une collection de sampots unique au monde :

Sampots tissés d'or, dits « Charabab »; sampots teints sur fil, dits « Haul »; sampots brochés, dits « Lobak »; sampots malais rebrodés d'or; sampots hin dous en satin broché d'or.

Dans le fond de la salle; J. 49, une armoire siamoise, laquée noir à dessins d'or. Une couleuvrine d'un modèle français de style Louis XIV, en bronze, fondue au Cambodge et ornée de motifs khmèr.

Côté g. du Musée. Partie S.

Douze vitrines :

1, vitrine de bijoux modernes; bagues et bracelets.

2, vitrine de bijoux d'art primitif :

F. 151, chaîne or tressé; — F. 45, fermoir, rinceaux or ciselé; — F. 179, plaque de ceinture or ciselé; — F. 47, fragment de ceinture ou de bracelet, or ciselé.

3, vitrine d'objets rituels en bronze, art classique :

E. 342 à 346, cloches rituelles çivaïtes; — E. 16, 17, 107, cloches et grelots d'éléphants.

4, vitrine de statuettes en bronze, époque classique :

E. 136, Vishnu; — E. 23 et 24, Vishnu sur Garuda; — E. 395, Lokeçvara; — E. 63, groupe de trois divinités bouddhiques sur socle; — E. 140, groupe de trois divinités vishnouïtes sur socle.

5, vitrine de statuettes de bronze; art classique :

E. 416, 137, 310, Vicvakarma; — E. 54, Indra; — E. 617, Çiva sur Nandin; — E. 139 et 448, Ganeça.

6, vitrine de statuettes de divinités féminines, bronze; art classique :

E. 64 et 170, Lakshmi; — E. 443, Saravasti.

7, vitrine d'objets rituels, bronze; art classique :

E. 207, arcature votive; — E. 198, 204, 597 à 599, 621, trépieds, supports de conques.

8, vitrine de statuettes de divinités, bronze; art classique :

E. 329, Hevajra, admirable spécimen de bronze, 8 têtes, 16 bras, 4 jambes, dans la pose de danse sur un cadavre; — E. 468, Prajna paramita, 11 têtes, 22 bras; — E. 67, Tête de Çiva; — E. 254, bras de statue faisant le geste de l'argumentation; — E. 291, cariatite, bronze provenant du parc d'Angkor.

9, vitrine d'objets divers, bronze; art classique :

E. 312, fragment d'architecture d'un petit monument votif; — E. 260, paon, et E. 255, cheval; décors de hampe.

10, vitrine d'objets cultuels en bronze; art classique :

E. 229, conque-trompette; — E. 193, E. 340, conques à eau lustrale; — E. 242, 338, foudres; — E. 371, matrice d'ex-votos.

11, vitrine d'objets usuels en bronze; art classique :

E. 126, avant de char royal en forme de tête de Nâga; — E. 326 et 46, crochet et anneau de litière; — E. 259, 19, 433, 57 à 59, abouts de timon de chars. Ces objets sont parmi les plus beaux spécimens connus de l'art classique khmèr.

12, vitrine d'objets en bronze; art classique :

E. 258, feuille et bouton de lotus, partie d'un ex-voto; — E. 289, branche d'un trident sommet de tour; — E. 274, trident çivaïte, probablement pointe de hampe,

Salle de Céramique.

Partie centrale :

Étagère portant des urnes et des jarres diverses d'art khmèr et sino-khmèr. H. 274, H. 32.

A droite, vitrine d'angle contenant des pièces de céramiques étrangères au Cambodge, pièces chinoises et japonaises provenant des fouilles. — Époque des *T'ang* (VIIᵉ au Xᵉ s.) : H. 129, bouteille émaillée de vert; — H. 230, récipient en forme d'oiseau; — H. 58, théière. — Époque des *Song* (Xᵉ au XIIIᵉ s.) : H. 201, 202, 306, bouteilles à vin de riz, émail turquoise et rouge. — Époque des *Ming* (XIVᵉ au XVIIᵉ s.) : H. 157, assiette décor bleu sur fond vert amande, datée de la période tch'eng-hoa (1465-1488); — H. 68, bol craquelé, de la période wan-li (1573-1620); — Nombreux petits pots à fards. — Époque des *Ts'ing* (depuis le XVIIᵉ s.) : H. 156, assiette émail bleu portant un dragon d'or, datée de la période k'ien-long (1736-1796).

Pièces de céramique de Savan-kalok, art siamois : H. 31, présentoir en faïence émaillée. — Pièces de céramique japonaises et coréo-japonaises : H. 73, grand bol émaillé et craquelé; — H. 130, bouteille émail blanc crème, décor en relief; — H. 17, assiette chinoise dite Bleu de Hué, décorée de la marque de l'époqie Minh-mang (1820-1841).

Vitrine du fond de la salle, à droite.

En bas, grandes jarres sino-khmèr, époque inconnue; — pièces de céramique en grès dur; petites jarres et récipients à usages inconnus.

A gauche, vitrine d'angle.

Pièces de céramique architecturale : tuiles vernisées à bout décoré de pétales de lotus ou de personnages en prières; art classique; — vases de terre grise émaillés de noir décorés de filets; art khmèr, époque inconnue.

Vitrine du fond de la salle, à gauche.

Très belle série de récipients divers en forme d'animaux : éléphants, tortues, lièvres, crapauds; conque-trompette; vases lenticulaires laqués ou émaillés de noir, usage inconnu; — pièces manquées provenant des fours du Phnom Kulên (N.-E. d'Angkor), urnes; art classique khmèr.

A dr. et à g. de la salle de céramique, deux petites salles contiennent des réductions architecturales de monuments cambodgiens modernes.

Salle d'iconographie bouddhique.

Vitrine centrale : Statuettes de bronze du Bouddha, depuis l'époque pré-khmèr jusqu'à nos jours.

E. 231, très belle effigie du Bouddha sur le Nâga, art classique; — E. 297, tête du Bouddha, art siamois du XVe s.; — Nombreux ex-votos, en feuilles d'or et d'argent.

Vitrine de droite :

E. 497, statuette du Bouddha au geste de la méditation; — E. 498 et suivants, le Bouddha au geste de prendre la terre à témoin; art khmèr du XIV-XVIIIe s.

Salle de la Sculpture

Nombreuses statues en grès, parmi lesquelles il faut citer · B. 235 et B. 159, statues du Bouddha debout, art pré-khmèr, influence grecque classique, proviennent de la région de Ta-keo; — B. 152, tête du Bouddha, influence grecque archaïque; — B. 231, haut relief, invitation à la prédication, le Bouddha est assis entre Brahmâ et Indra, parc d'Angkor, art classique; — B. 1, le Bouddha méditant sur le Nâga Mucalinda, provient du Bayon; — B. 222, statue bouddhique, début de l'art classique, provient de Banteai-Chhmar; — B. 24, Çiva et Umâ, art classique, de Banteai-Srei; — B. 212 à 216, mains de Çiva, art class., de Koh-ker; — B. 257, statue de Ganeça debout, art class.; — B. 40, tête de Rakshasa, art class., de Kg.-Thom.

Salle du Hari-hara

B. 113, *Hari-hara (Çiva-Vishnu). Sa double personnalité est marquée par la tête coiffée d'une mitre cylindrique, vermiculée à sa droite et caractérisée dans la forme Çiva par la présence du demi-œil frontal: à gauche, lisse, Vishnu. C'est un des plus beaux spécimens connus de l'art primitif; provient de Stong; B. 198, Vishnu, art class., de Takeo; — B. 199, Çiva, art class., de Takeo; — B. 26, Brahmâ, art class.; — B. 195, statue de femme inconnue, art class., de Takeo.

A g., la *Bibliothèque* du musée renferme 400 volumes choisis se rapportant au Cambodge et à l'Indochine; cartes.

Revenant à la Salle Centrale.
Partie N. du Musée.

Sept vitrines contiennent des objets contemporains.

1, vitrine d'objets divers : théière en cuivre; — coupes à eau, dites Pthel; — pièces de harnachement de bœufs.

2, vitrine d'objets divers : coupes à eau et supports; — porte-bougies en bronze; — vase à eau lustrale, bronze.

3, vitrine contenant des boîtes en bois sculpté et laqué, doré ou incrusté.

4, vitrine d'objets divers : porte-luminaires servant à la cérémonie du mariage dits Popel; — grand candelabre fait de Nâga entrelacés, bois sculpté et laqué.

5, vitrine contenant des objets divers en bronze : cloches de bœufs; — nécessaire à bétel, cuivre, en forme de paon; — cloche de pagode, bronze, effigies de Hanuman (Hanumat).

6, vitrine contenant des pièces de métier à tisser, bois sculpté et laqué.

7, vitrine de la danse.

En forme de pagode, elle contient les accessoirs des choreutes royales; vêtements, masques, coiffures, instruments de musique, etc.

Masque de Hanuman, S. 10; de Ravana, S. 17; mokot du roi des Nâga, S. 12; — violon ivoire et carapace de tortue; — tam-tam en terre cuite à fond de peau de serpent dit Skor; — jeu d'échecs en ivoire; — plateaux à offrandes, bois laqué et incrusté.

A dr. et à g. de la porte du fond, deux rateliers d'armes et d'instruments de pêche et de chasse : sabres japonais, grands sabres chinois, lances.

Salle de numismatique

Vitrine de pièces commémoratives du règne de S. M. Norodom et de celui de S. M. Sisovat; — série de pièces d'argent, dites Prak-bat, frappées au Cambodge en 1853 sous le règne de roi Ang-duong; — pièces de monnaies chinoises; — jeu de poids birmans.

E. 471, grande cloche de pagode, bronze, de la région de Battambaug. — Aux murs, série de peintures représentant diverses épisodes du Râmâyana.

Salle des chaises à porteurs.

Au centre, vitrine contenant la chaise d'apparat de S. M. Sisovat, or ciselé; — bâtons de portage en bois recouverts d'argent émaillé à pommeaux d'or ciselé.

Chaise à porteurs de S. M. Sisovat; bois sculpté et doré. Chaise à porteurs de S. M. Norodom; bois laqué, dossier ivoire.

Salle de vente des corporations cambodgiennes.

Collection des archives photographiques du musée. — Vitrine d'objets anciens vendus par la direction des Arts au profit de la conservation des ruines d'Angkor. — Cartes postales, livres et guides concernant le Cambodge. — Objets divers en argent, ivoire, bronze, pièces de soie dites sampots. — Copies de pièces anciennes du musée. — Moulages, etc.

Façade O. du Musée.

Galerie N. et S.

Inscriptions diverses en sanscrit et en cambodgien. Linteaux sculptés; pierres d'accents.

Musée économique du Cambodge, quai de Verneville, renseigne et documente sur toutes les questions commerciales, agricoles ou industrielles intéressant le Cambodge. *Bibliothèque.*

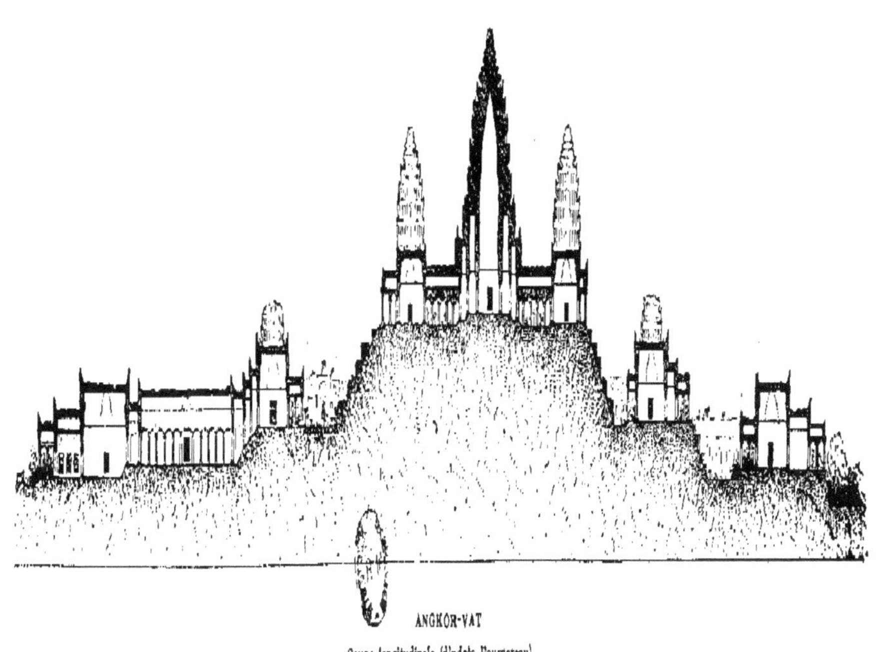

ANGKOR-VAT

Coupe longitudinale (d'après Fournereau).

MESSAGERIES FLUVIALES

DE COCHINCHINE

———

Siège social : 5, rue d'Athènes, PARIS

Direction de l'Exploitation : SAIGON
(Cochinchine)

———

EXCURSIONS aux TEMPLES D'ANGKOR

Services réguliers de navigation
par le Mékhong et le Grand Lac
de Juillet à Février

Billets d'excursion tous frais payés

Vapeurs **LOUIS-BLANCHET** Tout le confort
des
neufs : **JULES-RUEFF** grands Paquebots

SOCIÉTÉ FRANÇAISE

DES

DISTILLERIES DE L'INDOCHINE

Société anonyme au Capital de 33 millions de francs

Siège Social : 10, rue La Boëtie, PARIS

Reg. commerce de la Seine : n° 148,193

Siège administratif : 55, boul. Gambetta, HANOI

Agence à SAIGON : 19, place du Théâtre

Usines

au TONKIN, à **Hanoi, Haiduong, Namdinh**

en COCHINCHINE, à **Cholon-Binhtay**

Alcools - Rhum

Riz - Riz désazoté - Amidon

Sucramylose - Dextramylose

Extraits azotés

Huiles

BANQUE DE L'INDOCHINE

Privilégiée par décrets des 21 janvier 1875, 20 février 1888, 16 mai 1900, 4 janvier 1920, 12 janvier 1921, 12 janvier 1922, 17 janvier 1923 et 10 janvier 1924.

Siège social : 96, Boulevard Haussmann, PARIS (8e)

Capital : 72 millions de francs

SUCCURSALES ET AGENCES :

en Indochine :

SAIGON.
Phnom-penh.
Battambang.
Tourane.
HAIPHONG.
Hanoi.

au Siam :
Bangkok.

aux Indes :
PONDICHÉRY.

Côte des Somalis :
DJIBOUTI.

en Chine :

Yunnan-fou.
Mongtscu.
Fort-Bayard (territoire de Kouang-tcheou-wan).
Hongkong.
Canton.
Shanghai.
Hankeou.
Tientsin.
Pékin.

en Océanie :

NOUMÉA.
PAPEETE.

Les SUCCURSALES sont soulignées

Président : **A. de Montplanet,** Inspecteur Général honoraire des Finances.
Vice-Président, administrateur-délégué : **S. Simon.**
Directeur : **R. Thion de la Chaume.**
Commissaire du Gouvernement : **A. You.**

Registre du Commerce de la Seine N° 13.924

REVUE DE LA PRESSE

Indochine du Nord. (*Tonkin, Annam, Laos*). Paris, Hachette, in-12, XII + 7 + LXIII + 364 p., et 48 cartes ou plans en noir ou en couleurs. Prix 25 fr.

Plus de vingt années se sont écoulées depuis le jour où M. Madrolle publiait sur l'*Indochine* un premier guide général.

... Depuis lors, M. M. a montré comment il savait tenir la promesse faite en 1902, en refondant et en mettant au point, dans une série d'éditions générales ou partielles, les premiers renseignements qu'il avait réunis sur l'Indochine. Chacune de ces éditions a marqué un notable progrès sur la précédente. Ces améliorations successives sont certainement dues à une collaboration de plus en plus étroite entre l'auteur et les amis de ses guides. Pour montrer à quel point ce travail en commun fut fécond, il suffit de mettre en face des 80 pages traitant de l'Indochine du Nord dans le guide de 1902, le beau volume de 400 pages aujourd'hui consacré au même sujet... Il faut reconnaître que ce nouveau guide n'est pas loin d'être parfait dans l'ensemble. Il se recommande par la richesse de son information ethnographique, géographique, historique et archéologique; la partie touristique est particulièrement soignée. Les corrections à apporter aux affirmations de l'auteur sont toutes relatives à des points de détail.

... L'ensemble du volume porte la marque de la grande expérience de l'auteur. Il est à souhaiter que l'administration indochinoise sache profiter de cette expérience et des résultats remarquables que M. Madrolle a obtenus dans ce genre de recherches. Nul mieux que lui n'est qualifié pour tirer parti des renseignements officiels qui pourraient être réunis sur notre grande colonie et pour nous donner le guide irréprochable qui manque encore à l'Indochine.

L. AUROUSSEAU.

Iu *Bulletin de l'École française d'Extrême-Orient*, tome **XXIII**. Hanoi. 1923.

Indochine du Nord. (*Tonkin, Annam, Laos*). Paris, Hachette.

En mer, entre Chine et Japon, 22 avril 1923

Au moment où je quittais l'Indochine, ce guide tout récemment édité y parvenait. Je l'ai lu et étudié avec la passion d'un homme qui vient de voir par lui-même une bonne part des pays décrits et avec la curiosité d'y découvrir tous les renseignements qui lui ont manqué. Aucune déception n'a été de moi éprouvée: je dois dire avec précision quelle admiration réelle est la mienne pour celui qui a eu la patience opiniâtre et qui a pris la peine de noter, en lieu place, et avec leur vrai sens, tant d'informations dont les sources sont aussi dispersées que disparates. Madrolle avait déjà publié un guide général sur l'Indochine « alors que l'exposition de Hà-nôi, décidée par le gouverneur général M. Doumer révélait une Indochine naissante au public étranger ». Maintenant que l'Indochine est devenue un véritable État vigoureux et prospère, et que tant de Français ont travaillé à la connaître, puis à l'organiser, puis à l'enrichir, tout ce que le touriste instruit y cherche et y peut visiter est en bien des cas différent, et surtout l'ensemble en est incroyablement plus vaste que les curiosités archéologiques ou sites qui s'offraient au voyageur il y a vingt ans. La documentation historique et archéologique de Madrolle est de fort bon aloi. Son exactitude géographique n'est nulle part en défaut. Pouvait-on mieux espérer? Nous attendons avec impatience le second volume qui nous est promis sur l'*Indochine du Sud*.

Jean BRUNHES,
professeur au Collège de France.

In *La Géographie*. Paris, juill. 1923.

Indochine du Nord. (*Tonkin, Annam, Laos*). Paris, Hachette.

Dans la partie essentiellement touristique, M. Madrolle promène le voyageur au Tonkin, au Laos, en Annam, à travers 91 descriptions d'itinéraires ou de sites pittoresques, archéologiques ou religieux, depuis les rivages de l'Océan jusque dans la vallée du Mékhong.

Tourane et les montagnes de Marbre; Hué, son temple du Ciel et ses tombeaux impériaux; la baie de Ha-long, une des merveilles de la nature; la montagne sainte du Tan-vien; les sanatoria du Tam-dao, et de Cha-pa; la région pittoresque des Babé, Dông-quang, le Mg. Khuong et leurs variétés ethnographiques; la rivière Noire et ses canyons; le plateau Phuon et ses monuments mégalithiques; les parcours de chasse du Phu Qui et du haut Nam Ma; la curieuse Luang Phra-bang, capitale vénérée du royaume lao; Vieng-chan aux Cent pagodes, ne peuvent qu'attirer et retenir le touriste et lui faire apprécier la colonie.

Muni de ce manuel, le voyageur n'aura plus le droit d'ignorer l'Indochine et de passer au large sans y faire escale.

Chine du Sud. *Java, Japon.* Paris, Hachette, in-12, 12 +XXVII + CXXXVI + 520 p. et 54 cartes et plans. Prix 20 fr.

C'est un ouvrage très documenté qui permet aux voyageurs de faire escale dans tous les ports des mers de Chine depuis l'Insulinde jusqu'au Japon.

Des informations récentes aident les touristes dans le choix de leurs itinéraires, tandis que les articles de l'Introduction donnent à ceux qui ne peuvent être du voyage le regret de ne point partir. On lira les chapitres sur l'Histoire de la Chine, les Arts, les Religions, les Voyageurs chinois, les Populations...

Le touriste, curieux d'étudier la Chine, ne se contentera pas de descendre dans les ports principaux, mais il excursionnera dans l'intérieur et profitera des lignes de navigation fluviales et des voies ferrées pour aller voir les Chinois chez eux et visiter les sites les plus remarquables de leur pays jusqu'au Yun-nan.

Parmi ces lieux et centres attractifs, nous voyons successivement filmer : Hongkong, l'emporium de l'Extrême-Orient; Macao, le Monte-Carlo asiatique; Canton, aux ruelles grouillantes; les gorges de Tchao-k'ing, sur le Si-kiang; les défilés de Ts'ing-yuan sur le Pei-kiang, à proximité de la voie ferrée de Chao-tcheou (viâ Han-k'eou); la montagne sainte de Hengchan; les mines de Ngan-yuan; Soua-t'eou, en pays hok-lo; A-moï, port de la vieille cité de Ts'iuan-tcheou; Fou-tcheou, et ses pèlerinages bouddhiques de Kou-chan et de Yong-fou; Wen-tcheou, au pays des orangers; T'ai-tcheou, et les temples de T'ien-t'ai; Ning-po et les pagodes de T'ien-tong; l'île de P'out'o et ses célèbres pagodes bouddhiques; Hang-tcheou, la Quinsay de Marco Polo, avec les temples du Si-hou; enfin, Changhai, au débouché du fleuve Bleu, le grand port de la Chine et le plus important centre commercial et industriel.

Tous ces sites invitent l'étranger à prendre contact avec le monde chinois et à étudier davantage ce peuple si particulier, si vieux par son histoire et par sa civilisation.

Passagers ! ne vous embarquez pas sans votre guide de la *Chine du Sud.*

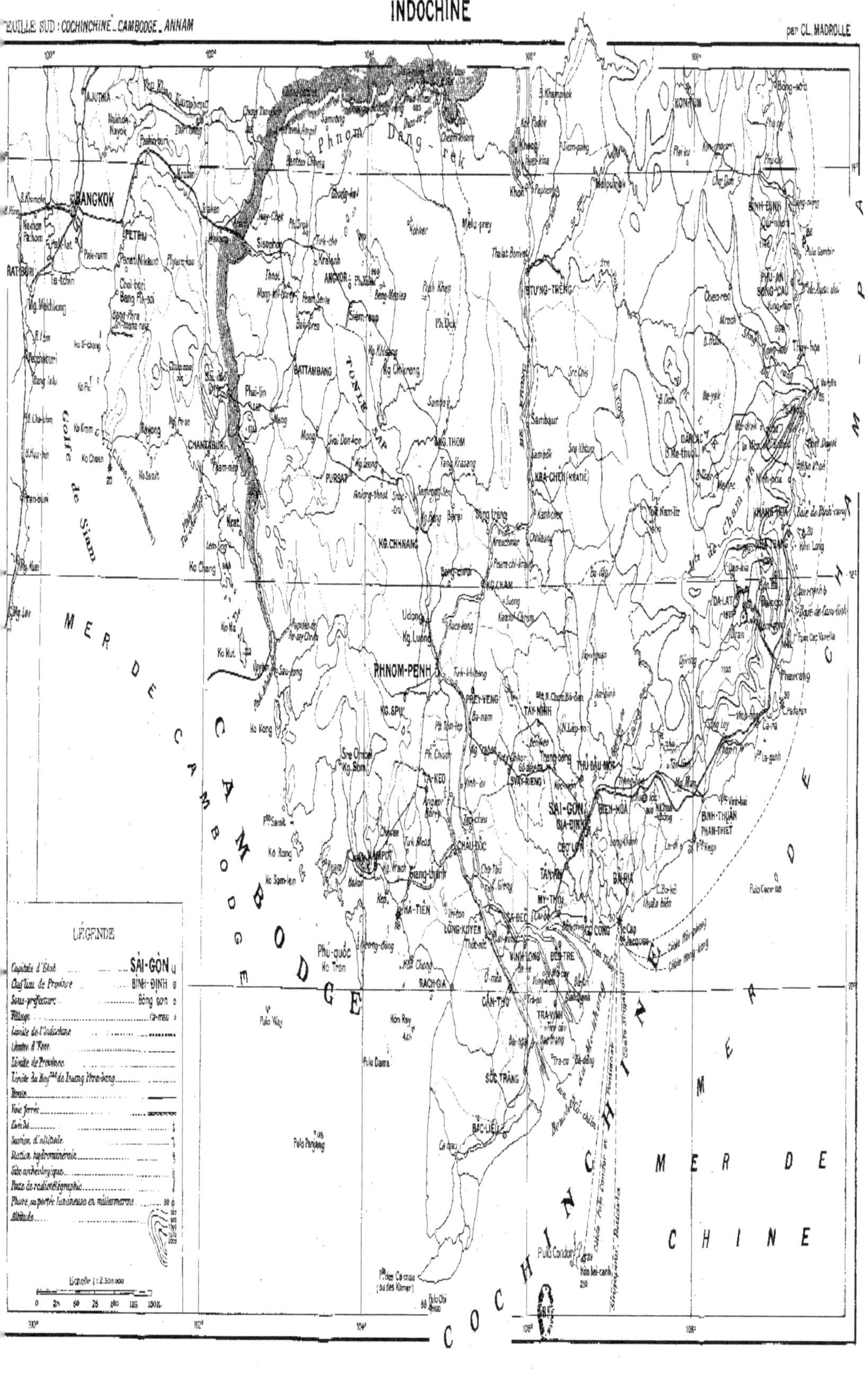
FEUILLE SUD : COCHINCHINE _ CAMBODGE _ ANNAM
par CL. MADROLLE
Phnom Dang-rek
Golfe de Siam
BANGKOK
AJUTHIA
PETRIU
RATIBURI
Petchaburi
CHANTABURI
BATTAMBANG
TONLE SAP
ANGKOR
PURSAP
KG. THOM
KG. CHHNANG
KRA-CHEH (KRATIE)
STU'NG-TRENG
KON-TUM
BINH-DINH
SONG-CAU
PHU-AN
DAN-LAC
B'Me-thuot
KHANH-HOA
Baie de Binh-cang
NHA-TRANG
DA-LAT
Phan-rang
Ca-na
PHNOM-PENH
KG. LPU
Udong
Kg. Luong
PREY-VENG
TAY-NINH
THU-DAU-MOT
SVAY-RIENG
SAI-GON
GIA-DINH
BIEN-HOA
BINH-THUAN
PHAN-THIET
CHAU-DOC
TA-KEO
KAMPOT
HA-TIEN
Phu-quoc
RACH-GIA
LONG-XUYEN
VINH-LONG
BEN-TRE
GO-CONG
Cap Jacques
CAN-THO
TRA-VINH
SOC-TRANG
BAC-LIEU
MER DE CAMBODGE
MER DE CHINE
COCHINCHINE
Pulo Condor
Pulo Panjang
Pointe Ca-mau
(Bà des Khmers)
LÉGENDE
Capitale d'Etat .... SAI-GON
Chef-lieu de Province ... BINH-DINH
Sous-préfecture .... Bông sơn
Village .... Ca-mau
Limite de l'Indochine
Limite d'Etat
Limite de Province
Limite du Roy^me de Luang Phra-bang
Route
Voie ferrée
Lot-lit
Service d'altitude
Station hydrominérale
Site archéologique
Phare, sa portée lumineuse en milesmarins 30
Altitude
Echelle 1:2.500.000
0   25   50   75   100   150 K.